나혼자 끝내는 일본어
히라가나 가타카나 쓰기

나혼자 끝내는 일본어 히라가나 가타카나 쓰기

지은이 넥서스콘텐츠개발팀
펴낸이 임상진
펴낸곳 (주)넥서스

초판 1쇄 발행 2022년 8월 22일
초판 7쇄 발행 2024년 9월 9일

출판신고 1992년 4월 3일 제311-2002-2호
주소 10880 경기도 파주시 지목로 5
전화 (02)330-5500 팩스 (02)330-5555
ISBN 979-11-6683-332-8 13730

www.nexusbook.com

나 혼자 끝내는
일본어
히라가나 가타카나 쓰기

넥서스콘텐츠개발팀 지음

넥서스 JAPANESE

❀ 이 책의 구성 및 활용법

PART 1 & 2 ∙∙∙∙∙∙∙∙∙∙∙∙∙∙∙∙∙∙∙∙∙∙∙∙∙∙∙∙∙∙∙∙∙

1 학습 내용 확인하기

본격적으로 학습하기 전에 오늘 배울 내용을 미리 눈으로 살펴봅니다.

2 한 눈에 살펴보기

청음 행에 관련된 문자의 발음을 MP3로 들어 보고, 따라 써 봅니다.

3 문자 따라 쓰기

각 문자의 발음과 유래에 관한 설명을 먼저 읽어 봅니다. 그리고 TIP을 참고하여 필순에 따라 여러 번 반복해서 써 봅니다. 단어는 JLPT에서 출제되는 것을 주로 수록했습니다. 발음은 MP3를 참고하세요.

4 마무리 체크하기

배운 문자를 잊지 않았는지 빈칸을 채워 마지막으로 점검해 봅니다.

1 단어와 문장 따라 쓰기

문자나 단어, 문장을 따라 써 보고 발음
은 MP3를 듣고 확인합니다.

2 마무리 체크하기

배운 문자나 단어, 문장을 잊지 않는지
문제를 통해 다시 한번 점검합니다.

무료 학습자료

책 속의 **QR코드**를 인식하면
원어민 **MP3**를 바로 재생할 수 있습니다.

www.nexusbook.com에서 다운로드 가능합니다.

① 원어민 MP3
② 기초 어휘 노트 PDF
③ 오십음도 & 워크시트 PDF

● 목차 ●

❀ 일본어의 특징

1 일본어는 총 세 가지의 문자를 사용합니다.

히라가나 히라가나는 일본어에서 가장 기본적인 문자로, 주로 한자의 발음 표기나 '~은/는', '~이/가'와 같은 조사 및 활용어에 쓰입니다.

가타카나 가타카나는 주로 외래어에 쓰입니다. 또한 문장에서 강조하고 싶은 부분이나 의성어, 의태어에도 쓰입니다.

한자 한자는 주로 명사나 형용사, 동사(특히 어간)와 같은 단어에 쓰입니다. 또한 상용한자라고 하여 일본 문부과학성에서 지정한 2,163개의 한자가 있습니다. 한자는 읽는 방식에 따라 '음독(소리를 읽음)'과 '훈독(뜻을 읽음)'으로 구분 되므로 잘 익혀두면 좋습니다.

2 일본어는 우리말과 어순이 비슷합니다.

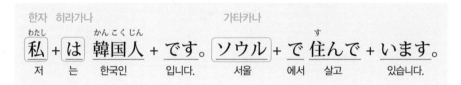

문장이 어떻게 구성되어 있는지 살펴보세요. 일본어는 한국어와 비슷하기 때문에 초급자가 학습 하는 데에 전혀 어렵지 않습니다.

알아두기

- 일본어에 처음으로 입문하는 학습자들을 위해 각 문자마다 한글로 발음을 달았습니다. 또한 발음 편의상 촉음이나 발음(撥音)에는 받침을 사용하였습니다.
- 일본어의 기초 문자인 히라가나와 가타카나 위주로 학습하기 위해 단어나 문장에서 한 자를 배제하였고, 띄어쓰기를 적용하였습니다.
- 일본어능력시험(JLPT)에서 주로 출제되는 단어는 N5, N4, N3, N2, N1과 같이 레벨을 표기하였습니다.

PART
1

히라가나

- **히라가나 청음**

히라가나는 한자를 흘려 쓴 것으로 만들어져, 일본어에서 가장 먼저 배우고 익혀야
하는 기본적인 문자입니다. 히라가나의 청음은 주로 '오십음도'라는 표로 정리하는데,
이 오십음도표는 5개의 단(모음)과 10개의 행(자음)을 배치한 것입니다. 그러나 현대
일본어에서는 총 46자만 사용하고 있습니다.

히라가나
청음

'청음'이란 일본어에서 맑은 소리를 내는 기본 문자를 말합니다.
그럼 히라가나의 청음에 대해 먼저 알아봅시다.

단 행	あ단	い단	う단	え단	お단
あ행	あ [아 a]	い [이 i]	う [우 u]	え [에 e]	お [오 o]
か행	か [카 ka]	き [키 ki]	く [쿠 ku]	け [케 ke]	こ [코 ko]
さ행	さ [사 sa]	し [시 shi]	す [스 su]	せ [세 se]	そ [소 so]
た행	た [타 ta]	ち [치 chi]	つ [츠 tsu]	て [테 te]	と [토 to]
な행	な [나 na]	に [니 ni]	ぬ [누 nu]	ね [네 ne]	の [노 no]
は행	は [하 ha]	ひ [히 hi]	ふ [후 fu]	へ [헤 he]	ほ [호 ho]
ま행	ま [마 ma]	み [미 mi]	む [무 mu]	め [메 me]	も [모 mo]
や행	や [야 ya]		ゆ [유 yu]		よ [요 yo]
ら행	ら [라 ra]	り [리 ri]	る [루 ru]	れ [레 re]	ろ [로 ro]
わ행	わ [와 wa]				を [오 wo]
ん	ん [응 N]				

● あ행의 문자 5개를 살펴봅시다.

아 あ단	あ	あ
이 い단	い	い
우 う단	う	う
에 え단	え	え
오 お단	お	お

일단 한번
따라 써 보세요.

 あ행 **1** あ

🎧 MP3 01-02

[아 a]

발음 '아' 하고 입을 동그랗게 벌려 발음합니다.

유래 한자 安에서 온 글자입니다.

TIP

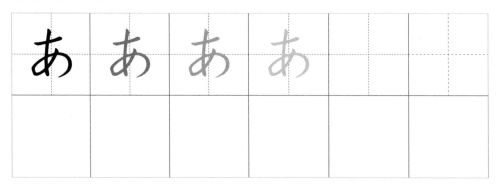

- ❷획은 내려올 때 일직선으로 너무 똑 떨어지지 않게 살짝 곡선으로
- ❸획은 시계 방향으로 둥글게 한 바퀴

● 천천히 따라 써 보세요.

あ	あ	あ	あ		

● あ가 들어간 단어를 써 보세요. 모르는 글자도 미리 써 보세요.

_{아 이} あい 사랑 N3	_{아 사} あさ 아침 N5	_{아 나 따} あなた 당신 N5
あい	あさ	あなた
あい	あさ	あなた

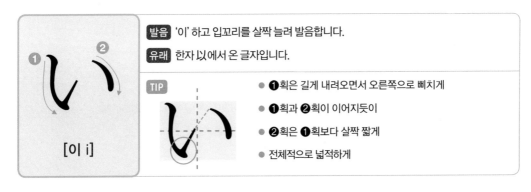

발음 '이' 하고 입꼬리를 살짝 늘려 발음합니다.

유래 한자 以에서 온 글자입니다.

TIP
- ❶획은 길게 내려오면서 오른쪽으로 삐치게
- ❶획과 ❷획이 이어지듯이
- ❷획은 ❶획보다 살짝 짧게
- 전체적으로 넓적하게

[이 i]

● 천천히 따라 써 보세요.

い	い	い	い		

● い가 들어간 단어를 써 보세요. 모르는 글자도 미리 써 보세요.

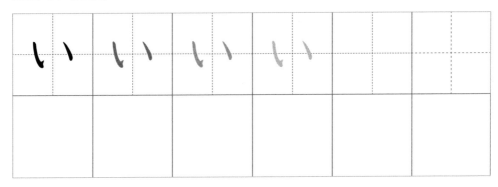

이 - いい 좋다 N5	이 시 いし 돌 N4	이 스 いす 의자 N5
いい	いし	いす
いい	いし	いす

[우 u]

발음 '우'와 '으'의 중간 발음으로 입술을 약간만 내밉니다.

유래 한자 宇에서 온 글자입니다.

TIP
- ❶획은 위에서 아래로 비스듬히
- ❷획은 가운데 공간을 두고 둥그렇게 아래로
- 전체적으로 좁고 길게

● 천천히 따라 써 보세요.

う	う	う	う		

● う가 들어간 단어를 써 보세요. 모르는 글자도 미리 써 보세요.

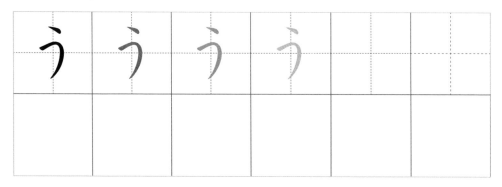

^{우 에} うえ 위 N5	^{아 우} あう 만나다 N5	^{이 우} いう 말하다 N5
うえ	あう	いう
うえ	あう	いう

[에 e]

발음 '에' 하고 입을 약간 작게 벌려 발음합니다.

유래 한자 衣에서 온 글자입니다.

TIP

● ❶획은 위에서 아래로 비스듬히

● ❷획은 한 번에 이어서 내려오다 꺾은 후 마지막에는 물결 모양으로 부드럽게

● 천천히 따라 써 보세요.

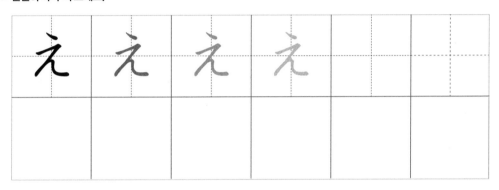

え	え	え	え		

● え 가 들어간 단어를 써 보세요. 모르는 글자도 미리 써 보세요.

에 え 그림 N5	이 에 いえ 집 N5	이 - 에 いいえ 아니요 N5
え	いえ	いいえ
え	いえ	いいえ

15

 あ행 ⑤ お

발음 '오' 하고 입술을 너무 내밀지 말고 발음합니다.

유래 한자 於에서 온 글자입니다.

TIP

- ❷획은 일직선으로 내려오다 한 번에 이어서 시계 방향으로 둥글게
- ❸획은 ❶획의 오른쪽에 위치하도록
- あ와 헷갈리지 않게 주의

[오 o]

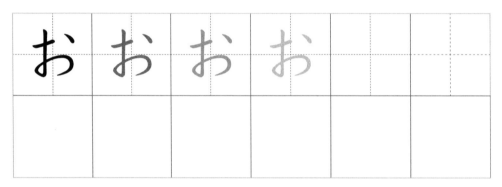

● 천천히 따라 써 보세요.

お	お	お	お		

● お가 들어간 단어를 써 보세요. 모르는 글자도 미리 써 보세요.

^오⁻ おう 왕 N2	^아^오 あお 파랑 N2	^카^오 かお 얼굴 N5
おう	あお	かお
おう	あお	かお

16

● か행의 문자 5개를 살펴봅시다.

카 あ단	か	か
키 い단	き	き
쿠 う단	く	く
케 え단	け	け
코 お단	こ	こ

일단 한번
따라 써 보세요.

か행 ① か

[카 ka]

발음 '카' 하고 입을 벌리고 약하게 힘을 빼 발음합니다. 어중이나 어말에 올 때는 '까' 같은 소리가 납니다.

유래 한자 加에서 온 글자입니다.

TIP

● ❶획은 곡선으로 내려온 뒤 왼쪽으로 삐치게

● ❷획을 먼저 긋고 ❶획을 그리지 않도록 주의

● ❸획은 ❶획의 오른쪽에 위치하도록

● 천천히 따라 써 보세요.

か	か	か	か		

● か가 들어간 단어를 써 보세요. 모르는 글자도 미리 써 보세요.

^{카 우} かう 사다 N5	^{카 사} かさ 우산 N5	^{아 까} あか 빨강 N2
かう	かさ	あか
かう	かさ	あか

18

か행 ② き

[키 ki]

발음 '키' 하고 입꼬리를 살짝만 늘리고 약하게 힘을 빼 발음합니다. 어중이나 어말에 올 때는 '끼' 같은 소리가 납니다.

유래 한자 幾에서 온 글자입니다.

TIP

● ❶획과 ❷획은 평행하게
● ❸획은 ❶획과 ❷획을 이등분하듯이 비스듬히 내려오도록
● ❸획과 ❹획은 이어서 쓰기도, 떨어뜨려서 쓰기도 함

● 천천히 따라 써 보세요.

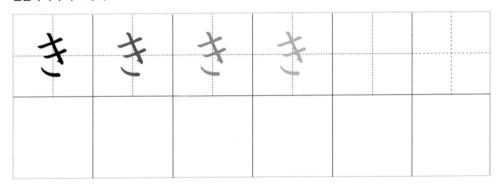

● き가 들어간 단어를 써 보세요. 모르는 글자도 미리 써 보세요.

^키き 나무 N5	^{키 꾸}きく 듣다, 묻다 N5	^{아 끼}あき 가을 N5
き	きく	あき
き	きく	あき

19

か행 **3**   く

발음 '쿠'와 '크'의 중간 발음으로 약하게 힘을 **빼** 발음합니다. 어중이나 어말에 올 때는
'꾸' 같은 소리가 납니다.

유래 한자 久에서 온 글자입니다.

TIP   ● **❶**획을 위에서 아래로 한 번에 꺾어지도록

[쿠 ku]

● 천천히 따라 써 보세요.

く	く	く	く		

● く 가 들어간 단어를 써 보세요. 모르는 글자도 미리 써 보세요.

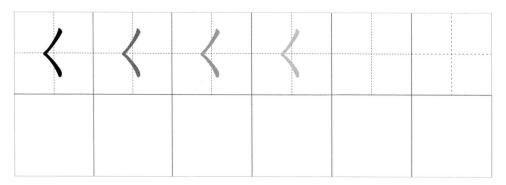

쿠 찌 く ち 입 N5	쿠 로 く ろ 까망 N2	카 꾸 か く 쓰다 N5
く ち	く ろ	か く
く ち	く ろ	か く

발음 '케' 하고 입을 약간 작게 벌리고 약하게 힘을 빼 발음합니다. 어중이나 어말에 올 때는 '께' 같은 소리가 납니다.

유래 한자 計에서 온 글자입니다.

TIP

● ❶획은 일직선으로 너무 똑 떨어지지 않게 살짝 곡선으로 내려오면서 오른쪽으로 삐치게

● ❸획의 끝 부분은 점점 왼쪽으로 내려오도록

[케 ke]

● 천천히 따라 써 보세요.

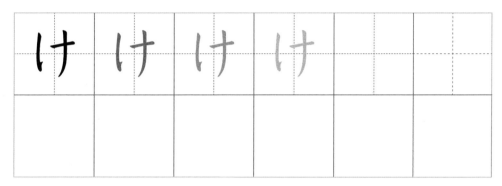

け	け	け	け		

● け가 들어간 단어를 써 보세요. 모르는 글자도 미리 써 보세요.

케 시 끼 けしき　경치　N4	이 께 いけ　연못　N5	사 께 さけ　술　N2
けしき	いけ	さけ
けしき	いけ	さけ

21

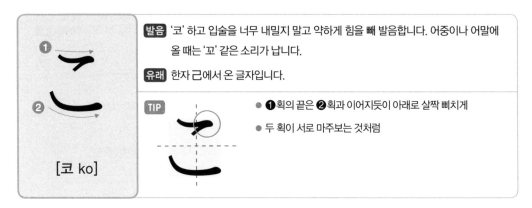

[코 ko]

발음 '코' 하고 입술을 너무 내밀지 말고 약하게 힘을 빼 발음합니다. 어중이나 어말에 올 때는 '꼬' 같은 소리가 납니다.

유래 한자 己에서 온 글자입니다.

TIP
- ❶획의 끝은 ❷획과 이어지듯이 아래로 살짝 삐치게
- 두 획이 서로 마주보는 것처럼

● 천천히 따라 써 보세요.

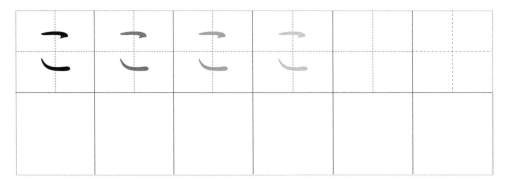

こ	こ	こ	こ		

● こ가 들어간 단어를 써 보세요. 모르는 글자도 미리 써 보세요.

코 에 こえ 목소리 N5	코 시 こし 허리 N3	오 토 꼬 おとこ 남자 N5
こえ	こし	おとこ
こえ	こし	おとこ

22

● さ 행의 문자 5개를 살펴봅시다.

사 あ단	さ	さ
시 い단	し	し
스 う단	す	す
세 え단	せ	せ
소 お단	そ	そ

일단 한번
따라 써 보세요.

23

[사 sa]

발음 '사' 하고 입을 동그랗게 벌려 발음합니다.

유래 한자 左에서 온 글자입니다.

TIP

- ❷획은 ❶획을 이등분하듯이 비스듬히 내려오도록
- ❷획과 ❸획은 이어서 쓰기도, 떨어뜨려서 쓰기도 함
- き와 헷갈리지 않게 주의

● 천천히 따라 써 보세요.

さ	さ	さ	さ		

● さ가 들어간 단어를 써 보세요. 모르는 글자도 미리 써 보세요.

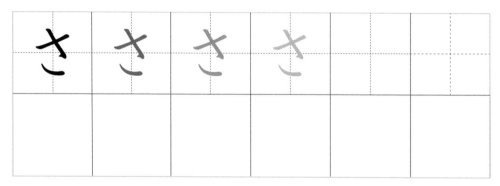

^{사 시 미} さしみ 생선회	^{사 또} さとう 설탕 N4	^{케 사} けさ 오늘 아침 N5
さしみ	さとう	けさ
さしみ	さとう	けさ

24

さ행 ② し

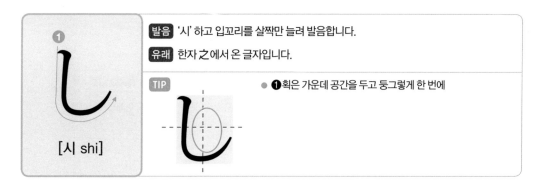

①

し

[시 shi]

발음 '시' 하고 입꼬리를 살짝만 늘려 발음합니다.

유래 한자 之에서 온 글자입니다.

TIP ● ❶획은 가운데 공간을 두고 둥그렇게 한 번에

● 천천히 따라 써 보세요.

し	し	し	し	し		

● し가 들어간 단어를 써 보세요. 모르는 글자도 미리 써 보세요.

시 오 **しお** 소금 N5	아 시 **あし** 발, 다리 N5	우 시 **うし** 소 N3
しお	あし	うし
しお	あし	うし

25

す

[스 su]

발음 '스' 하고 입꼬리를 너무 아래로 당기지 말고 발음합니다.

유래 한자 寸에서 온 글자입니다.

TIP

- ❷획은 ❶획의 중간보다 약간 오른쪽에서 시작
- ❷획은 돼지 꼬리처럼 한 바퀴 돌아 아래로

● 천천히 따라 써 보세요.

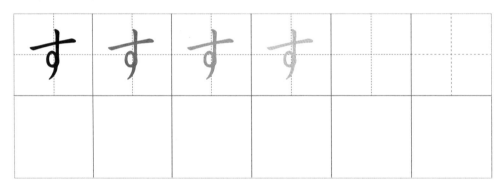

す	す	す	す		

● す 가 들어간 단어를 써 보세요. 모르는 글자도 미리 써 보세요.

스 끼 **すき** 좋아함 N5	스 시 **すし** 초밥	스 무 **すむ** 살다 N5
すき	すし	すむ
すき	すし	すむ

26

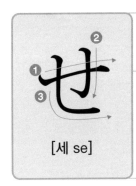

[세 se]

발음 '세' 하고 입을 약간 작게 벌려 발음합니다.

유래 한자 世에서 온 글자입니다.

TIP

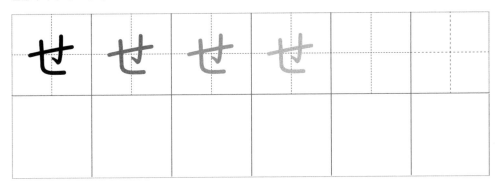

● ❶획은 아래에서 위로 비스듬히

● ❷획은 내려오면서 왼쪽으로 살짝 삐치게

● ❸획은 ❷획보다 낮게 시작해서 내려오다 오른쪽으로 부드럽게

● 천천히 따라 써 보세요.

せ	せ	せ	せ		

● せ가 들어간 단어를 써 보세요. 모르는 글자도 미리 써 보세요.

세 까이 せかい 세계 N4	세 끼 せき 자리 N4	아 세 あせ 땀 N4
せかい	せき	あせ
せかい	せき	あせ

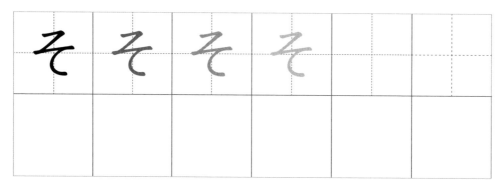

발음 '소' 하고 입술을 너무 내밀지 말고 발음합니다.

유래 한자 曽에서 온 글자입니다.

TIP ● ❶획은 세 번 꺾어서 한 번에 내려오도록

[소 so]

● 천천히 따라 써 보세요.

そ	そ	そ	そ		

● そ가 들어간 단어를 써 보세요. 모르는 글자도 미리 써 보세요.

소 라 そら 하늘 N5	우 소 うそ 거짓말 N4	미 소 みそ 된장 N2
そら	うそ	みそ
そら	うそ	みそ

28

● た행의 문자 5개를 살펴봅시다.

타 あ단	た	た
치 い단	ち	ち
츠 う단	つ	つ
테 え단	て	て
토 お단	と	と

일단 한번
따라 써 보세요.

29

[타 ta]

발음 '타' 하고 입을 벌리고 약하게 힘을 빼 발음합니다. 어중이나 어말에 올 때는 '따' 같은 소리가 납니다.

유래 한자 太에서 온 글자입니다.

TIP

- ❷획은 비스듬하게 왼쪽으로
- ❸획과 ❹획은 こ 와 같이 두 획이 서로 마주보는 것처럼

● 천천히 따라 써 보세요.

た	た	た	た		

● た가 들어간 단어를 써 보세요. 모르는 글자도 미리 써 보세요.

타 꼬 たこ 문어	시 따 した 아래 N5	아 시 따 あした 내일 N5
たこ	した	あした
たこ	した	あした

30

[치 chi]

발음	'치' 하고 입꼬리를 살짝만 늘리고 약하게 힘을 빼 발음합니다. 어중이나 어말에 올 때는 '찌' 같은 소리가 납니다.
유래	한자 知에서 온 글자입니다.

TIP

- ❶획은 중앙보다 약간 왼쪽에서 시작
- ❷획은 비스듬히 내려와 꺾은 후 둥그렇게
- さ와 헷갈리지 않게 주의

● 천천히 따라 써 보세요.

ち	ち	ち	ち		

● ち가 들어간 단어를 써 보세요. 모르는 글자도 미리 써 보세요.

치 ち 피 N4	치 찌 ちち 아버지 N5	하 찌 はち 팔(8) N5
ち	ちち	はち
ち	ちち	はち

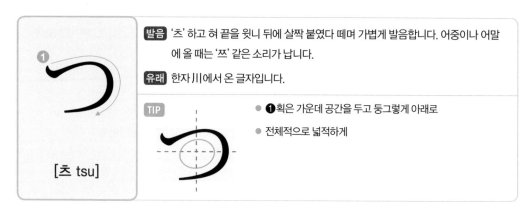

발음 '츠' 하고 혀 끝을 윗니 뒤에 살짝 붙였다 떼며 가볍게 발음합니다. 어중이나 어말에 올 때는 '쯔' 같은 소리가 납니다.

유래 한자 川에서 온 글자입니다.

TIP
● ❶획은 가운데 공간을 두고 둥그렇게 아래로
● 전체적으로 넓적하게

[츠 tsu]

● 천천히 따라 써 보세요.

つ	つ	つ	つ		

● つ가 들어간 단어를 써 보세요. 모르는 글자도 미리 써 보세요.

츠 꾸 에 つくえ 책상 N5	츠 찌 つち 땅, 흙 N3	쿠 쯔 くつ 구두, 신발 N5
つくえ	つち	くつ
つくえ	つち	くつ

32

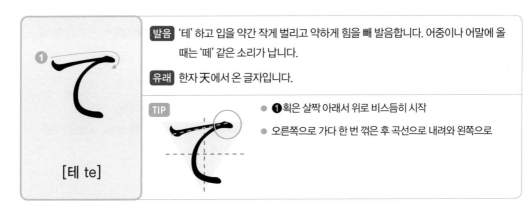

발음 '테' 하고 입을 약간 작게 벌리고 약하게 힘을 빼 발음합니다. 어중이나 어말에 올 때는 '떼' 같은 소리가 납니다.

유래 한자 天에서 온 글자입니다.

TIP
● ❶획은 살짝 아래서 위로 비스듬히 시작
● 오른쪽으로 가다 한 번 꺾은 후 곡선으로 내려와 왼쪽으로

[테 te]

● 천천히 따라 써 보세요.

て	て	て	て		

● て가 들어간 단어를 써 보세요. 모르는 글자도 미리 써 보세요.

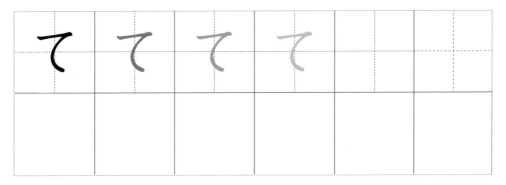

테 て 손 N5	타 떼 たて 세로 N4	아 살 드 떼 あさって 모레 N5
て	たて	あさって
て	たて	あさって

[토 to]

발음	'토' 하고 입술을 너무 내밀지 말고 약하게 힘을 빼 발음합니다. 어중이나 어말에 올 때는 '또' 같은 소리가 납니다.
유래	한자 止에서 온 글자입니다
TIP	● ❶획은 약간 비스듬하게 오른쪽 아래로 ● ❷획은 ❶획의 끝 지점에 닿도록 왼쪽 아래로 내려오다 오른쪽으로 부드럽게

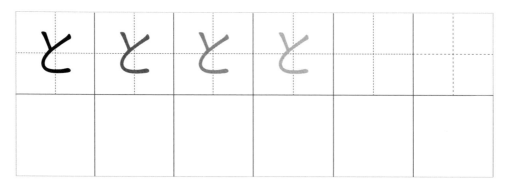

● 천천히 따라 써 보세요.

と	と	と	と		

● と가 들어간 단어를 써 보세요. 모르는 글자도 미리 써 보세요.

토 께 - とけい 시계 N5	오 또 · 또 おとうと 남동생 N5	오 또 또 이 おととい 그저께 N5
とけい	おとうと	おととい
とけい	おとうと	おととい

● な행의 문자 5개를 살펴봅시다.

나 あ단	な	な
니 い단	に	に
누 う단	ぬ	ぬ
네 え단	ね	ね
노 お단	の	の

일단 한번
따라 써 보세요.

35

[나 na]

 **발음** '나' 하고 입을 동그랗게 벌려 발음합니다.

유래 한자 奈에서 온 글자입니다.

TIP

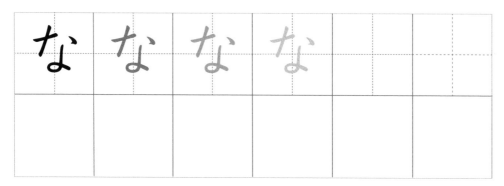

- ❷획은 비스듬하게 왼쪽으로
- ❸획은 ❹획과 살짝 이어지듯이
- 마지막에는 돼지 꼬리처럼 한 바퀴

● 천천히 따라 써 보세요.

な	な	な	な		

● な가 들어간 단어를 써 보세요. 모르는 글자도 미리 써 보세요.

^{나 나} なな 칠(7) N5	^{나 쯔} なつ 여름 N5	^{사 까 나} さかな 물고기 N5
なな	なつ	さかな
なな	なつ	さかな

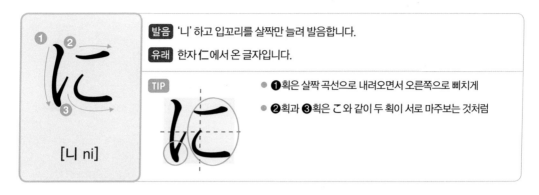

발음 '니' 하고 입꼬리를 살짝만 늘려 발음합니다.

유래 한자 仁에서 온 글자입니다.

TIP
- ❶획은 살짝 곡선으로 내려오면서 오른쪽으로 삐치게
- ❷획과 ❸획은 こ 와 같이 두 획이 서로 마주보는 것처럼

[니 ni]

● 천천히 따라 써 보세요.

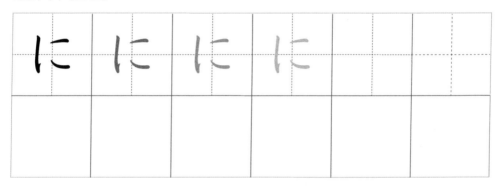

● に가 들어간 단어를 써 보세요. 모르는 글자도 미리 써 보세요.

니 꾸 にく 고기 N5	니 와 にわ 정원, 마당 N5	아 니 あに 형, 오빠 N5
にく	にわ	あに
にく	にわ	あに

37

な행 ③ ぬ

 [누 nu]	**발음** '누'와 '느'의 중간 발음으로 입술을 약간만 내밉니다. **유래** 한자 奴에서 온 글자입니다. **TIP**  ● ❶획은 오른쪽 아래로 비스듬히 ● ❷획은 가운데 공간을 두고 한 번에 이어서 시계 방향으로 둥글게 ● 마지막에는 돼지 꼬리처럼 한 바퀴

● 천천히 따라 써 보세요.

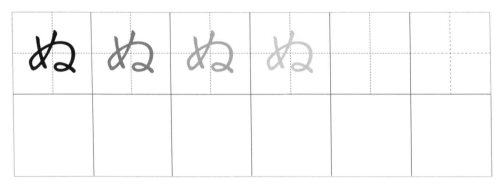

ぬ	ぬ	ぬ	ぬ		

● ぬ가 들어간 단어를 써 보세요. 모르는 글자도 미리 써 보세요.

누 루 **ぬる** 바르다, 칠하다 N4	이 누 **いぬ** 개 N5	시 누 **しぬ** 죽다 N5
ぬる	いぬ	しぬ
ぬる	いぬ	しぬ

발음 '네' 하고 입을 약간 작게 벌려 발음합니다.

유래 한자 祢에서 온 글자입니다.

TIP

- ❶획은 위에서 아래로 일직선으로, 끝은 살짝 삐치기도 함
- ❷획은 ❶획을 두 번 관통하듯 한 번에 이어서 가운데 공간을 두고 둥그렇게 아래로
- 마지막에는 돼지 꼬리처럼 한 바퀴

[네 ne]

● 천천히 따라 써 보세요.

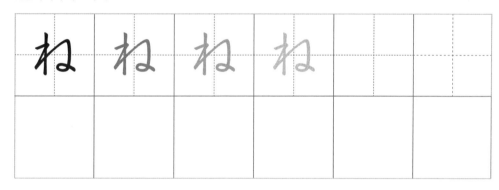

ね	ね	ね	ね		

● ね가 들어간 단어를 써 보세요. 모르는 글자도 미리 써 보세요.

네 꼬 ねこ 고양이 N4	네 루 ねる 자다 N5	아 네 あね 누나, 언니 N5
ねこ	ねる	あね
ねこ	ねる	あね

な행 **5** の

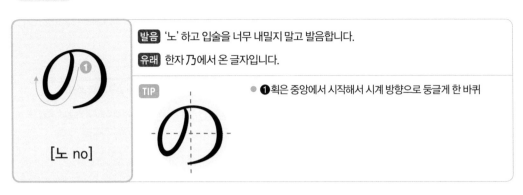

발음	'노' 하고 입술을 너무 내밀지 말고 발음합니다.

유래 한자 乃에서 온 글자입니다.

TIP

● ❶획은 중앙에서 시작해서 시계 방향으로 둥글게 한 바퀴

[노 no]

● 천천히 따라 써 보세요.

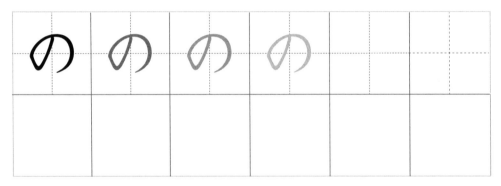

● の가 들어간 단어를 써 보세요. 모르는 글자도 미리 써 보세요.

노 무 のむ 마시다 N5	노 루 のる 타다 N5	키 노 - きのう 어제 N5
のむ	のる	きのう
のむ	のる	きのう

● は 행의 문자 5개를 살펴봅시다.

하 あ단	は	は
히 い단	ひ	ひ
후 う단	ふ	ふ
헤 え단	へ	へ
호 お단	ほ	ほ

일단 한번
따라 써 보세요.

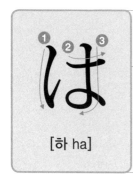

[하 ha]

발음 '하' 하고 입을 동그랗게 벌려 발음합니다.

유래 한자 波에서 온 글자입니다.

TIP

● ❶획은 길게 내려오면서 오른쪽으로 삐치게

● ❸획은 아래로 내려오다 마지막에는 돼지 꼬리처럼 한 바퀴

● 천천히 따라 써 보세요.

は	は	は	は		

● は가 들어간 단어를 써 보세요. 모르는 글자도 미리 써 보세요.

하 하 はは 어머니　N5	하 이 はい 네　N5	하 나 はな 꽃　N5
はは	はい	はな
はは	はい	はな

[히 hi]

발음 '히' 하고 입꼬리를 살짝만 늘려 발음합니다.

유래 한자 比에서 온 글자입니다.

TIP

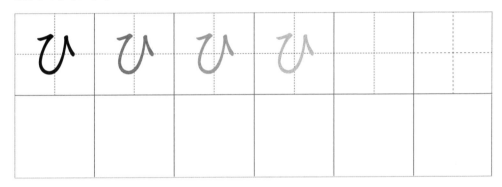

- ❶획은 한 번에 이어서 가운데 공간을 두고 둥그렇게 위로
- 마지막에는 꺾어서 다시 아래를 향하도록

● 천천히 따라 써 보세요.

ひ	ひ	ひ	ひ		

● ひ가 들어간 단어를 써 보세요. 모르는 글자도 미리 써 보세요.

^히 ひ 불 N3	^히 ^또 ひと 사람 N5	^히 ^루 ひる 낮 N5
ひ	ひと	ひる
ひ	ひと	ひる

43

は행 ③ ふ

[후 fu]

발음 '후'와 '흐'의 중간 발음으로 입술을 약간만 내밉니다.

유래 한자 不에서 온 글자입니다.

TIP
- ❶획은 위에서 아래로 비스듬히
- ❶획과 ❷획은 편의상 이어서 쓰기도 함
- ❸획과 ❹획은 ❷획을 중앙에 두고 양쪽에 나란히

● 천천히 따라 써 보세요.

ふ	ふ	ふ	ふ		

● ふ가 들어간 단어를 써 보세요. 모르는 글자도 미리 써 보세요.

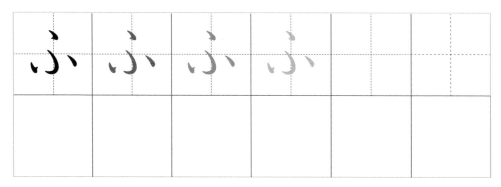

^{후 네} ふね 배 N4	^{후 - 후} ふうふ 부부 N3	^{사 이 후} さいふ 지갑 N5
ふね	ふうふ	さいふ
ふね	ふうふ	さいふ

44

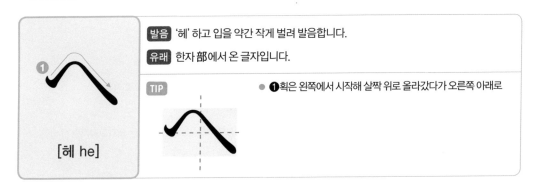

발음 '헤' 하고 입을 약간 작게 벌려 발음합니다.

유래 한자 部에서 온 글자입니다.

TIP

● ❶획은 왼쪽에서 시작해 살짝 위로 올라갔다가 오른쪽 아래로

● 천천히 따라 써 보세요.

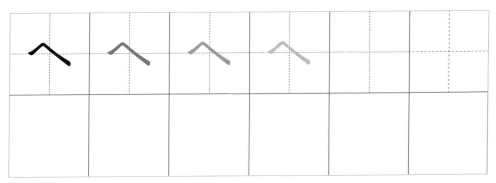

● へ가 들어간 단어를 써 보세요. 모르는 글자도 미리 써 보세요.

헤 소 へそ 배꼽 N2	헤 따 へた 서투름 N4	헤 야 へや 방 N5
へそ	へた	へや
へそ	へた	へや

[호 ho]

발음 '호' 하고 입술을 너무 내밀지 말고 발음합니다.

유래 한자 保에서 온 글자입니다.

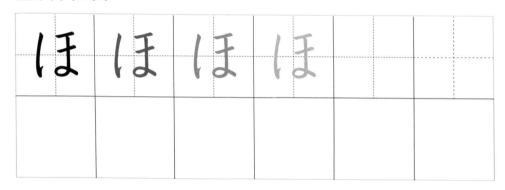

TIP

- ❶획은 길게 내려오면서 오른쪽으로 삐치게
- ❷획과 ❸획은 평행하게
- ❹획은 아래로 내려오다 마지막에는 돼지 꼬리처럼 한 바퀴
- は와 헷갈리지 않게 주의

● 천천히 따라 써 보세요.

ほ	ほ	ほ	ほ			

● ほ가 들어간 단어를 써 보세요. 모르는 글자도 미리 써 보세요.

호 - **ほう** 방향(쪽), 편 N5	호 까 **ほか** 다른 것, 외 N5	호 네 **ほね** 뼈 N4
ほう	ほか	ほね
ほう	ほか	ほね

46

● ま행의 문자 5개를 살펴봅시다.

마 あ단	ま	ま
미 い단	み	み
무 う단	む	む
메 え단	め	め
모 お단	も	も

일단 한번
따라 써 보세요.

[마 ma]

발음 '마' 하고 입을 동그랗게 벌려 발음합니다.

유래 한자 末에서 온 글자입니다.

TIP

- ❶획과 ❷획은 평행하게
- ❸획은 ❶획과 ❷획을 이등분하듯이 일직선으로
- 마지막에는 돼지 꼬리처럼 한 바퀴

● 천천히 따라 써 보세요.

ま	ま	ま	ま		

● ま가 들어간 단어를 써 보세요. 모르는 글자도 미리 써 보세요.

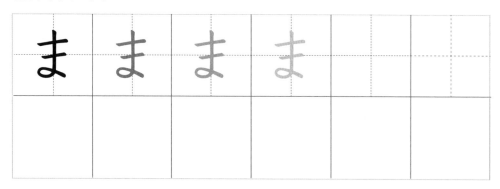

^마 ^찌 まち 마을 N5	^아 ^따 ^마 あたま 머리 N5	^우 ^마 うま 말(동물) N3
まち	あたま	うま
まち	あたま	うま

48

[미 mi]

발음 '미' 하고 입꼬리를 살짝만 늘려 발음합니다.

유래 한자 美에서 온 글자입니다.

TIP

● ❶획은 오른쪽으로 짧게 가다 한 번 꺾은 후 내려와서 둥글게

● ❷획은 ❶획의 끝 부분에서 평행하게 왼쪽 아래로 비스듬히

● 천천히 따라 써 보세요.

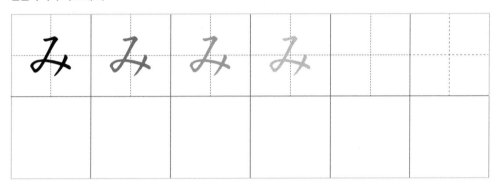

み	み	み	み			

● み가 들어간 단어를 써 보세요. 모르는 글자도 미리 써 보세요.

미 미 みみ 귀 N5	미 루 みる 보다 N5	우 미 うみ 바다 N5
みみ	みる	うみ
みみ	みる	うみ

49

[무 mu]

발음 '무'와 '므'의 중간 발음으로 입술을 약간만 내밉니다.

유래 한자 武에서 온 글자입니다.

TIP

- ❷획은 아래로 내려오다 중간에 돼지 꼬리처럼 한 바퀴
- 오른쪽으로 가다 가운데 공간을 두고 다시 위로
- ❸획은 ❶획의 오른쪽에 위치하도록

● 천천히 따라 써 보세요.

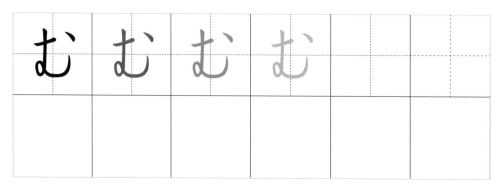

む	む	む	む		

● む가 들어간 단어를 써 보세요. 모르는 글자도 미리 써 보세요.

_{무 시} むし 벌레 N4	_{무 스 꼬} むすこ 아들 N3	_{무 스 메} むすめ 딸 N4
むし	むすこ	むすめ
むし	むすこ	むすめ

[메 me]

발음 '메' 하고 입을 약간 작게 벌려 발음합니다.

유래 한자 女에서 온 글자입니다.

TIP

- ❶획은 오른쪽 아래로 비스듬히
- ❷획은 가운데 공간을 두고 한 번에 이어서 시계 방향으로 둥글게
- ぬ와 헷갈리지 않게 주의

● 천천히 따라 써 보세요.

め	め	め	め		

● め가 들어간 단어를 써 보세요. 모르는 글자도 미리 써 보세요.

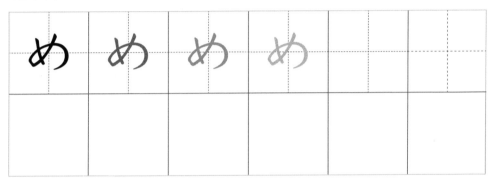

메 め 눈(신체) N5	아 메 あめ 비 N5	코 메 こめ 쌀 N4
め	あめ	こめ
め	あめ	こめ

[모 mo]

발음 '모' 하고 입술을 너무 내밀지 말고 발음합니다

유래 한자 毛에서 온 글자입니다.

TIP

- ❶획은 내려오다 오른쪽 위로 부드럽게
- ❷획과 ❸획은 평행하게 ❶획을 이등분하듯이
- ま와 헷갈리지 않게 주의

● 천천히 따라 써 보세요.

も	も	も	も			

● も가 들어간 단어를 써 보세요. 모르는 글자도 미리 써 보세요.

모 모 もも　복숭아　N1	쿠 모 くも　구름　N4	이 모 - 또 いもうと　여동생　N5
もも	くも	いもうと
もも	くも	いもうと

● や행의 문자 3개를 살펴봅시다.

야 あ단	や	や
유 う단	ゆ	ゆ
요 お단	よ	よ

や행은 세 글자밖에 없어요.
일단 한번 따라 써 보세요.

발음 '야' 하고 입을 동그랗게 벌려 발음합니다. や는 반모음이라고도 합니다.

유래 한자 也에서 온 글자입니다.

[야 ya]

TIP

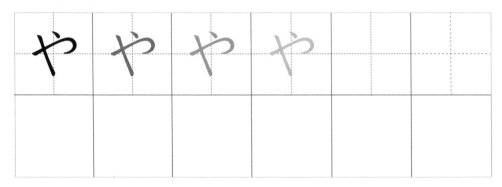

● ❶획은 오른쪽을 향해 둥그렇게

● ❶획의 끝은 ❷획과 이어지듯이 둥글게

● ❷획과 ❸획은 평행하게

● 천천히 따라 써 보세요.

や	や	や	や		

● や가 들어간 단어를 써 보세요. 모르는 글자도 미리 써 보세요.

^야や^마ま 산 N5	^야や^오お^야や 채소 가게 N5	^이い^야や 싫음 N5
やま	やおや	いや
やま	やおや	いや

[유 yu]

발음 '유' 하고 입술을 약간만 내밀어 발음합니다. ゆ는 반모음이라고도 합니다.

유래 한자 由에서 온 글자입니다.

TIP

● ❶획은 아래로 내려오다 한 번 꺾은 후 오른쪽으로 둥그렇게
● ❶획의 끝은 ❷획과 이어지듯이 둥글게
● ❷획은 ❶획의 둥근 부분을 관통하도록

● 천천히 따라 써 보세요.

ゆ	ゆ	ゆ	ゆ		

● ゆ가 들어간 단어를 써 보세요. 모르는 글자도 미리 써 보세요.

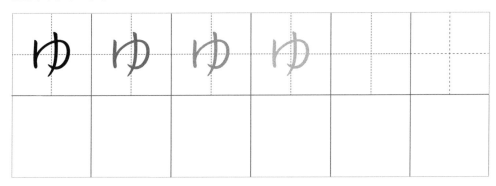

유 끼 ゆき 눈(날씨) N5	츠 유 つゆ 장마 N4	후 유 ふゆ 겨울 N5
ゆき	つゆ	ふゆ
ゆき	つゆ	ふゆ

 や행 ❸ **よ**

[요 yo]

발음 '요' 하고 입술을 너무 내밀지 말고 발음합니다. よ는 반모음이라고도 합니다.

유래 한자 与에서 온 글자입니다.

TIP
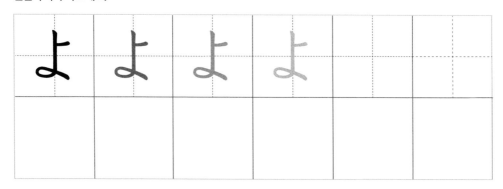

- ❶획은 중앙에서 오른쪽으로 짧게
- ❷획은 ❶획의 시작점을 지나 일직선으로 내려오다 마지막
  에는 돼지 꼬리처럼 한 바퀴

● 천천히 따라 써 보세요.

よ	よ	よ	よ		

● よ가 들어간 단어를 써 보세요. 모르는 글자도 미리 써 보세요.

요 꼬 **よこ** 옆, 가로 N5	요 무 **よむ** 읽다 N5	히 요 꼬 **ひよこ** 병아리
よこ	よむ	ひよこ
よこ	よむ	ひよこ

● ら행의 문자 5개를 살펴봅시다.

라 あ단	ら	ら
리 い단	り	り
루 う단	る	る
레 え단	れ	れ
로 お단	ろ	ろ

일단 한번
따라 써 보세요.

[라 ra]

발음 '라' 하고 입을 동그랗게 벌려 발음합니다.

유래 한자 良에서 온 글자입니다.

TIP

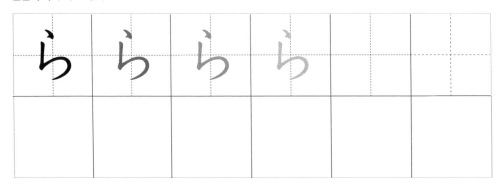

- ❶획은 위에서 아래로 비스듬히
- ❷획은 ❶획의 시작점 근처에서 내려와 꺾은 후 둥그렇게
- ち와 헷갈리지 않게 주의

● 천천히 따라 써 보세요.

ら	ら	ら	ら		

● ら가 들어간 단어를 써 보세요. 모르는 글자도 미리 써 보세요.

라 꾸 **らく** 편함 N3	키 라 이 **きらい** 싫어함 N5	사 꾸 라 **さくら** 벚꽃 N4
らく	きらい	さくら
らく	きらい	さくら

58

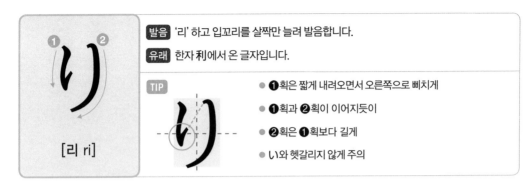

발음 '리' 하고 입꼬리를 살짝만 늘려 발음합니다.

유래 한자 利에서 온 글자입니다.

TIP
- ①획은 짧게 내려오면서 오른쪽으로 삐치게
- ①획과 ②획이 이어지듯이
- ②획은 ①획보다 길게
- い와 헷갈리지 않게 주의

[리 ri]

● 천천히 따라 써 보세요.

り	り	り	り		

● り 가 들어간 단어를 써 보세요. 모르는 글자도 미리 써 보세요.

りゅう 이유 N4	とり 새 N5	となり 옆, 이웃 N5
りゅう	とり	となり
りゅう	とり	となり

59

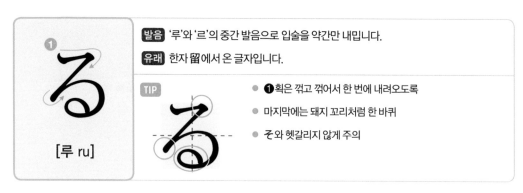

발음	'루'와 '르'의 중간 발음으로 입술을 약간만 내밉니다.
유래	한자 留에서 온 글자입니다.

TIP

● ❶획은 꺾고 꺾어서 한 번에 내려오도록
● 마지막에는 돼지 꼬리처럼 한 바퀴
● そ와 헷갈리지 않게 주의

[루 ru]

● 천천히 따라 써 보세요.

る	る	る	る		

● る가 들어간 단어를 써 보세요. 모르는 글자도 미리 써 보세요.

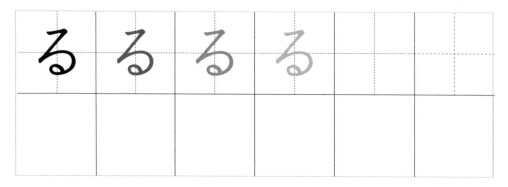

루 스 **るす** 부재중 N4	하 루 **はる** 봄 N5	요 루 **よる** 밤 N5
るす	はる	よる
るす	はる	よる

[레 re]

発음 '레' 하고 입을 약간 작게 벌려 발음합니다.

유래 한자 礼에서 온 글자입니다.

TIP

- ❶획은 위에서 아래로 일직선으로
- ❷획은 ❶획을 두 번 관통하듯 한 번에 이어서 가운데 공간을 두고 둥그렇게 내려오다 마지막에는 오른쪽으로 삐치게
- ね와 헷갈리지 않게 주의

● 천천히 따라 써 보세요.

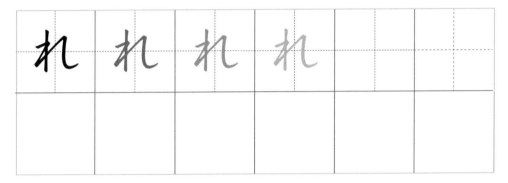

れ	れ	れ	れ		

● れ가 들어간 단어를 써 보세요. 모르는 글자도 미리 써 보세요.

레 - れい 영(0) N4	레 끼 시 れきし 역사 N4	하 레 はれ 맑음, 갬 N4
れい	れきし	はれ
れい	れきし	はれ

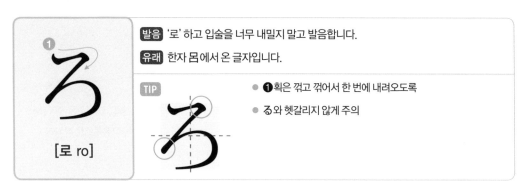

①
ろ
[로 ro]

발음 '로' 하고 입술을 너무 내밀지 말고 발음합니다.

유래 한자 呂에서 온 글자입니다.

TIP
● ❶획은 꺾고 꺾어서 한 번에 내려오도록
● る와 헷갈리지 않게 주의

● 천천히 따라 써 보세요.

ろ	ろ	ろ	ろ		

● ろ가 들어간 단어를 써 보세요. 모르는 글자도 미리 써 보세요.

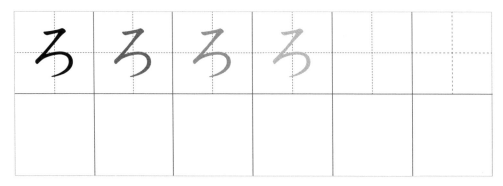

로 꾸 ろく 육(6) N5	이 로 いろ 색깔 N5	시 로 しろ 하양 N2
ろく	いろ	しろ
ろく	いろ	しろ

62

● わ행의 문자 2개와 ん을 먼저 살펴봅시다.

와 あ단	わ	わ
오 お단	を	を
응	ん	ん

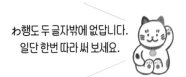

わ행도 두 글자밖에 없답니다.
일단 한번 따라 써 보세요.

[와 wa]

발음 '와' 하고 입을 동그랗게 벌려 발음합니다. わ는 반모음이라고도 합니다.

유래 한자 和에서 온 글자입니다.

TIP

● ❶획은 위에서 아래로 일직선으로

● ❷획은 ❶획을 두 번 관통하듯 한 번에 이어서 가운데 공간을 두고 동그랗게 아래로

● れ와 헷갈리지 않게 주의

● 천천히 따라 써 보세요.

わ	わ	わ	わ		

● わ가 들어간 단어를 써 보세요. 모르는 글자도 미리 써 보세요.

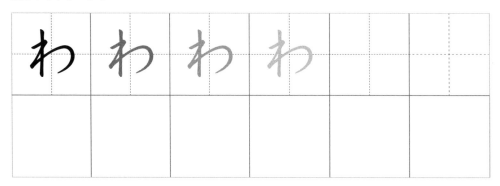

와 わ 고리, 바퀴 N3	와 따 시 わたし 나, 저 N5	카 와 かわ 강 N5
わ	わたし	かわ
わ	わたし	かわ

 わ행 ❷ **を**

[오 wo]

발음 '오' 하고 입술을 너무 내밀지 말고 발음합니다. **お**와 발음이 같습니다.

유래 한자 遠에서 온 글자입니다.

TIP
- ❶획은 중앙보다 약간 왼쪽에서 시작
- ❷획은 ❶획의 중간 지점에서 비스듬히 아래로 내려오다 한 번 꺾은 후 중앙으로
- ❸획은 ❷획의 끝 부분을 지나 오른쪽 아래로 둥글게

● 천천히 따라 써 보세요.

を	を	を	を		

● を를 써 보세요.

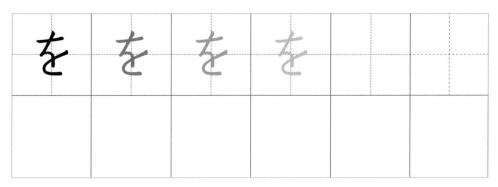

を ~을/를 (※ 히라가나 を는 목적격 조사로만 사용합니다.)		
を	を	を
を	を	を

 ん

발음	'응'과 같은 콧소리로 '튀는 음'이라는 뜻인 발음(撥音)이라고도 하는데, 어두에는 오지 않고 대개 어중이나 어말에서 우리말 'ㄴ, ㅁ, ㅇ' 받침처럼 발음합니다.
유래	한자 无에서 온 글자입니다.
TIP	❶획은 한 번에 이어서 내려오다 꺾은 후 마지막에는 물결 모양으로 부드럽게

[응 N]

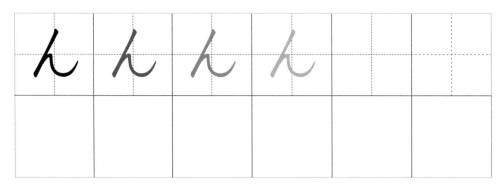

● 천천히 따라 써 보세요.

ん	ん	ん	ん		

● ん이 들어간 단어를 써 보세요. 모르는 글자도 미리 써 보세요.

홍 ほん 책 N5	온 나 おんな 여자 N5	켕 카 けんか 싸움 N4
ほん	おんな	けんか
ほん	おんな	けんか

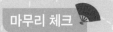
● 히라가나를 따라 써 보고 빈칸에 해당하는 글자를 채워 보세요.

행＼단	あ단	い단	う단	え단	お단
あ행	あ [아 a]	い [이 i]	う [우 u]	え [에 e]	❶ [오 o]
か행	か [카 ka]	❷ [키 ki]	く [쿠 ku]	け [케 ke]	こ [코 ko]
さ행	❸ [사 sa]	し [시 shi]	す [스 su]	せ [세 se]	そ [소 so]
た행	た [타 ta]	❹ [치 chi]	つ [츠 tsu]	て [테 te]	と [토 to]
な행	な [나 na]	に [니 ni]	ぬ [누 nu]	❺ [네 ne]	の [노 no]
は행	は [하 ha]	ひ [히 hi]	ふ [후 fu]	へ [헤 he]	❻ [호 ho]
ま행	❼ [마 ma]	み [미 mi]	む [무 mu]	め [메 me]	も [모 mo]
や행	や [야 ya]		❽ [유 yu]		よ [요 yo]
ら행	ら [라 ra]	り [리 ri]	る [루 ru]	❾ [레 re]	ろ [로 ro]
わ행	❿ [와 wa]				を [오 wo]
ん	ん [응 N]				

PART 2

가타카나

- 가타카나 청음

가타카나는 한자의 일부분을 취한 것으로 만들어져, 흘려 쓴 히라가나보다는 조금 각지고 딱딱한 모습을 가지고 있습니다. 외래어나 의성어, 의태어를 쓸 때나 동식물의 이름이나 무언가를 강조하고 싶을 때 주로 사용하는 문자입니다. 가타카나는 히라가나와 마찬가지로 청음 46자가 있습니다.

가타카나의 청음은 히라가나의 청음과 발음이 동일합니다.

하지만 문자의 모양은 비슷한 듯 다르게 생겼으므로 주의해서 알아봅시다.

행＼단	ア단	イ단	ウ단	エ단	オ단
ア행	ア [아 a]	イ [이 i]	ウ [우 u]	エ [에 e]	オ [오 o]
カ행	カ [카 ka]	キ [키 ki]	ク [쿠 ku]	ケ [케 ke]	コ [코 ko]
サ행	サ [사 sa]	シ [시 shi]	ス [스 su]	セ [세 se]	ソ [소 so]
タ행	タ [타 ta]	チ [치 chi]	ツ [츠 tsu]	テ [테 te]	ト [토 to]
ナ행	ナ [나 na]	ニ [니 ni]	ヌ [누 nu]	ネ [네 ne]	ノ [노 no]
ハ행	ハ [하 ha]	ヒ [히 hi]	フ [후 fu]	ヘ [헤 he]	ホ [호 ho]
マ행	マ [마 ma]	ミ [미 mi]	ム [무 mu]	メ [메 me]	モ [모 mo]
ヤ행	ヤ [야 ya]		ユ [유 yu]		ヨ [요 yo]
ラ행	ラ [라 ra]	リ [리 ri]	ル [루 ru]	レ [레 re]	ロ [로 ro]
ワ행	ワ [와 wa]				ヲ [오 wo]
ン	ン [응 N]				

● ア행의 문자 5개를 살펴봅시다.

아 ア단	ア	ア
이 イ단	イ	イ
우 ウ단	ウ	ウ
에 エ단	エ	エ
오 オ단	オ	オ

일단 한번
따라 써 보세요.

히라가나 あ

유래 한자 阿에서 온 글자입니다.

TIP
- ❶ 획은 오른쪽으로 가다 각지게 꺾어 내려오도록
- ❷ 획의 끝 부분은 살짝 곡선으로

ア

[아 a]

● 천천히 따라 써 보세요.

ア	ア	ア	ア		

● ア가 들어간 단어를 써 보세요. 모르는 글자도 미리 써 보세요.

아 이 스 **アイス** 아이스, 얼음	아 도 레 스 **アドレス** 주소　N3	아 메 리 까 **アメリカ** 미국
アイス	アドレス	アメリカ
アイス	アドレス	アメリカ

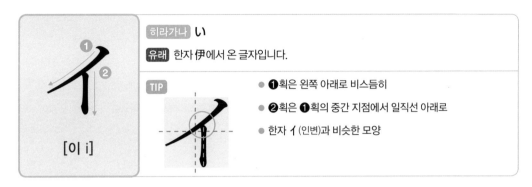

[이 i]

히라가나 い

유래 한자 *伊*에서 온 글자입니다.

TIP
● ❶획은 왼쪽 아래로 비스듬히
● ❷획은 ❶획의 중간 지점에서 일직선 아래로
● 한자 イ(인변)과 비슷한 모양

● 천천히 따라 써 보세요.

イ	イ	イ	イ		

● イ가 들어간 단어를 써 보세요. 모르는 글자도 미리 써 보세요.

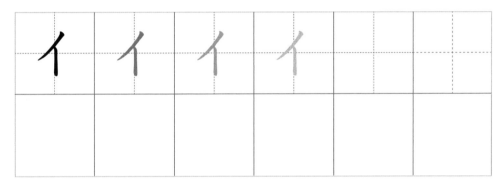

이 따 리 아 イタリア 이탈리아	이 야 홍 ° イヤホン 이어폰	이 라 스 또 イラスト 일러스트
イタリア	イヤホン	イラスト
イタリア	イヤホン	イラスト

히라가나 う

유래 한자 宇에서 온 글자입니다.

TIP
● ❷획은 ❶획이 끝나는 지점의 높이에서
● ❸획은 ❷획의 시작점에서 오른쪽으로 가다 각지게 꺾어 내려오도록

[우 u]

● 천천히 따라 써 보세요.

ウ	ウ	ウ	ウ		

● ウ가 들어간 단어를 써 보세요. 모르는 글자도 미리 써 보세요.

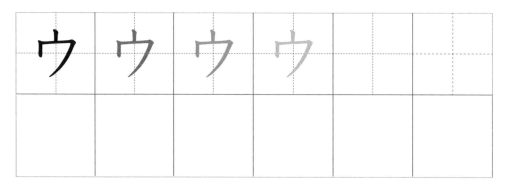

우 루 ウール 울 N2	우 롱 ウーロン 우롱(차)	우 이 루 스 ウイルス 바이러스 N3
ウール	ウーロン	ウイルス
ウール	ウーロン	ウイルス

ア행 **4** エ

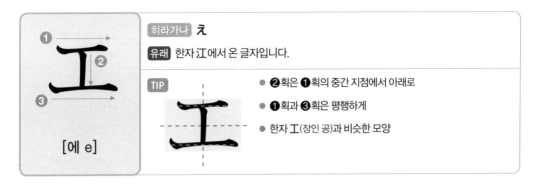

히라가나 **え**

유래 한자 江에서 온 글자입니다.

TIP
- ❷획은 ❶획의 중간 지점에서 아래로
- ❶획과 ❸획은 평행하게
- 한자 **工**(장인 공)과 비슷한 모양

[에 e]

● 천천히 따라 써 보세요.

エ	エ	エ	エ		

● エ가 들어간 단어를 써 보세요. 모르는 글자도 미리 써 보세요.

에 아 꽁 ㅇ エアコン 에어컨 N4	에 네 루 기 - エネルギー 에너지 N3	에 뿌 롱 ㅇ エプロン 앞치마 N2
エアコン	エネルギー	エプロン
エアコン	エネルギー	エプロン

ア행 **5** オ

히라가나 お

유래 한자 於에서 온 글자입니다.

TIP

[오 o]

- ❷획은 ❶획의 중간보다 약간 오른쪽에서 시작
- ❷획은 일직선으로 내려온 뒤 왼쪽으로 삐치게
- ❸획은 ❶획과 ❷획이 교차하는 곳에서 왼쪽 아래로 비스듬히

● 천천히 따라 써 보세요.

オ	オ	オ	オ		

● オ가 들어간 단어를 써 보세요. 모르는 글자도 미리 써 보세요.

오 무 레 쯔 **オムレツ** 오믈렛	오 란 ㄴ 다 **オランダ** 네덜란드	오 렌 ㄴ 지 **オレンジ** 오렌지
オムレツ	オランダ	オレンジ
オムレツ	オランダ	オレンジ

76

● 力행의 문자 5개를 살펴봅시다.

카 ア단	カ	カ
키 イ단	キ	キ
쿠 ウ단	ク	ク
케 エ단	ケ	ケ
코 オ단	コ	コ

일단 한번
따라 써 보세요.

히라가나 **か**

유래 한자 加에서 온 글자입니다.

TIP

[카 ka]

- ❶획은 오른쪽으로 가다 직각으로 꺾어 내려온 뒤 왼쪽으로 삐치게
- 한자 力(힘 력)과 비슷한 모양

● 천천히 따라 써 보세요.

カ	カ	カ	カ		

● カ가 들어간 단어를 써 보세요. 모르는 글자도 미리 써 보세요.

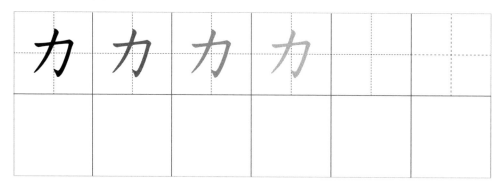

카 - 또 **カート** 카트, 손수레	카 메 라 **カメラ** 카메라 N5	카 레 - **カレー** 카레 N4
カート	カメラ	カレー
カート	カメラ	カレー

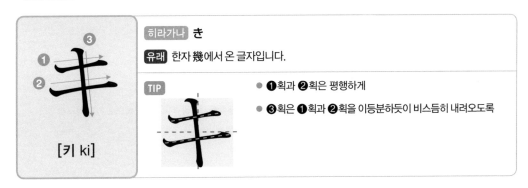

[키 ki]

히라가나 き

유래 한자 幾에서 온 글자입니다.

TIP
- ❶획과 ❷획은 평행하게
- ❸획은 ❶획과 ❷획을 이등분하듯이 비스듬히 내려오도록

● 천천히 따라 써 보세요.

キ	キ	キ	キ		

● キ가 들어간 단어를 써 보세요. 모르는 글자도 미리 써 보세요.

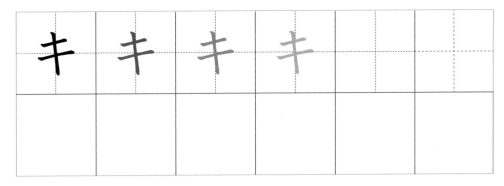

키 - **キー** 키, 열쇠	키 스 **キス** 키스	스 떼 - 끼 **ステーキ** 스테이크 N4
キー	キス	ステーキ
キー	キス	ステーキ

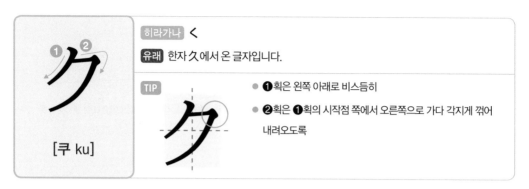

[쿠 ku]

히라가나 く

유래 한자 久에서 온 글자입니다.

TIP
- ❶획은 왼쪽 아래로 비스듬히
- ❷획은 ❶획의 시작점 쪽에서 오른쪽으로 가다 각지게 꺾어 내려오도록

● 천천히 따라 써 보세요.

ク	ク	ク	ク		

● ク가 들어간 단어를 써 보세요. 모르는 글자도 미리 써 보세요.

쿠 라 스 **クラス** 클래스, 반 N5	쿠 리 스 마 스 **クリスマス** 크리스마스	포 - 꾸 **ポーク** 포크, 돼지고기
クラス	クリスマス	ポーク
クラス	クリスマス	ポーク

力행 **4** ケ

히라가나 **け**

유래 한자 介에서 온 글자입니다.

TIP

● ❶획은 왼쪽 아래로 비스듬히
● ❷획은 ❶획의 중간 지점에서 오른쪽으로 일직선
● ❸획은 ❷획의 중간 지점에서 왼쪽 아래로 비스듬히

[케 ke]

● 천천히 따라 써 보세요.

ケ	ケ	ケ	ケ		

● ケ가 들어간 단어를 써 보세요. 모르는 글자도 미리 써 보세요.

케 끼 **ケーキ** 케이크 N4	케 스 **ケース** 케이스 N3	스 께 또 **スケート** 스케이트 N3
ケーキ	ケース	スケート
ケーキ	ケース	スケート

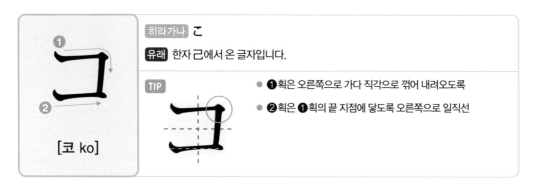

カ행 ⑤ コ

히라가나	こ

유래 한자 己에서 온 글자입니다.

TIP
- ❶획은 오른쪽으로 가다 직각으로 꺾어 내려오도록
- ❷획은 ❶획의 끝 지점에 닿도록 오른쪽으로 일직선

[코 ko]

● 천천히 따라 써 보세요.

コ	コ	コ	コ		

● コ가 들어간 단어를 써 보세요. 모르는 글자도 미리 써 보세요.

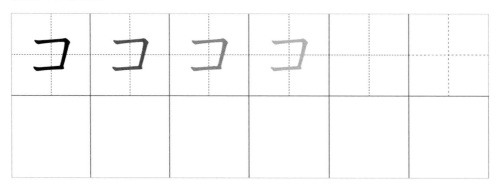

코 - 또 コート 코트 N5	코 - 나 - コーナー 코너	콘 ㄴ 사 - 또 コンサート 콘서트
コート	コーナー	コンサート
コート	コーナー	コンサート

● サ행의 문자 5개를 살펴봅시다.

사 ア단	サ	サ
시 イ단	シ	シ
스 ウ단	ス	ス
세 エ단	セ	セ
소 オ단	ソ	ソ

일단 한번
따라 써 보세요.

サ

[사 sa]

히라가나 さ

유래 한자 散에서 온 글자입니다.

TIP

- ❷획과 ❸획은 평행하게
- ❸획의 끝 부분은 살짝 곡선으로

● 천천히 따라 써 보세요.

サ	サ	サ	サ			

● サ가 들어간 단어를 써 보세요. 모르는 글자도 미리 써 보세요.

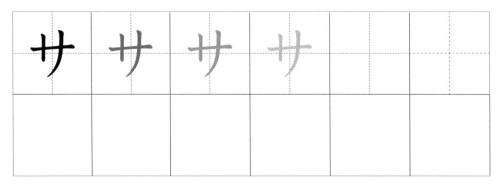

사 - 비 스 サービス 서비스 N3	사 잉 ㅇ サイン 사인 N4	사 라 다 サラダ 샐러드 N4
サービス	サイン	サラダ
サービス	サイン	サラダ

히라가나 し

유래 한자 之에서 온 글자입니다.

TIP

● ❶획과 ❷획은 왼쪽 선에 맞춘다는 느낌으로 나란히
● ❸획도 왼쪽 선에서부터 시작해서 오른쪽 위로

[시 shi]

● 천천히 따라 써 보세요.

シ	シ	シ	シ			

● シ가 들어간 단어를 써 보세요. 모르는 글자도 미리 써 보세요.

시 스 떼 무 システム 시스템	시 루 꾸 シルク 실크	싱 ㅇ 구 루 シングル 싱글
システム	シルク	シングル
システム	シルク	シングル

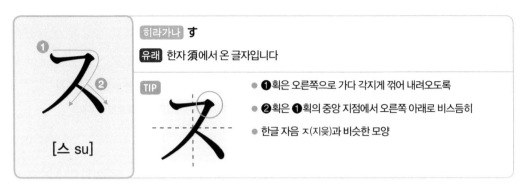

히라가나 **す**

유래 한자 須에서 온 글자입니다

TIP
- ❶획은 오른쪽으로 가다 각지게 꺾어 내려오도록
- ❷획은 ❶획의 중앙 지점에서 오른쪽 아래로 비스듬히
- 한글 자음 ㅈ(지읒)과 비슷한 모양

[스 su]

● 천천히 따라 써 보세요.

ス	ス	ス	ス		

● ス가 들어간 단어를 써 보세요. 모르는 글자도 미리 써 보세요.

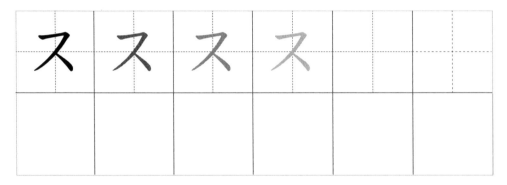

스 빠 スーパー 슈퍼마켓	스 뿌 スープ 수프 N5	스 이 스 スイス 스위스
スーパー	スープ	スイス
スーパー	スープ	スイス

히라가나 せ

유래 한자 世에서 온 글자입니다.

TIP

- ❶획은 오른쪽으로 가다 각지게 꺾어 내려오도록
- ❷획은 일직선으로 내려오다 부드럽게 오른쪽으로

[세 se]

● 천천히 따라 써 보세요.

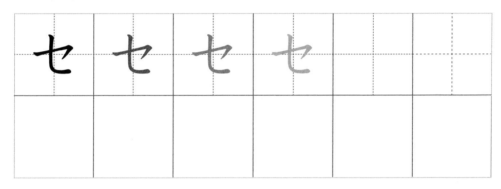

セ	セ	セ	セ		

● セ가 들어간 단어를 써 보세요. 모르는 글자도 미리 써 보세요.

세 - 따 - **セーター** 스웨터 N5	세 - 루 **セール** 세일 N3	센 ㄴ찌 **センチ** 센티 N2
セーター	セール	センチ
セーター	セール	センチ

87

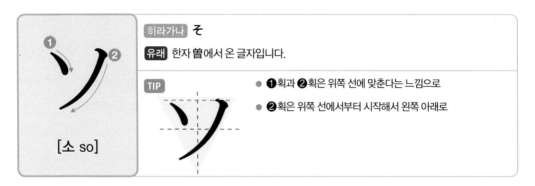

사행 5 ソ

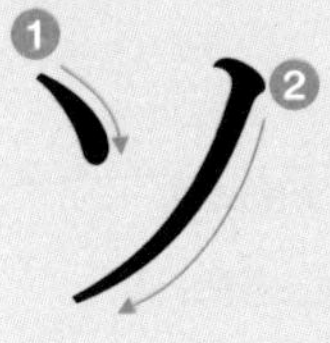

[소 so]

히라가나 そ

유래 한자 曽에서 온 글자입니다.

TIP

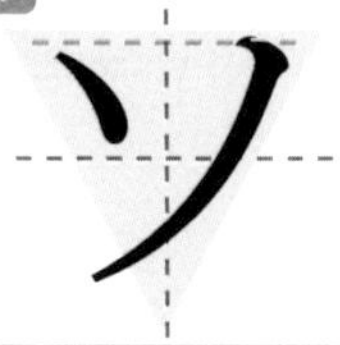

- ❶획과 ❷획은 위쪽 선에 맞춘다는 느낌으로
- ❷획은 위쪽 선에서부터 시작해서 왼쪽 아래로

● 천천히 따라 써 보세요.

ソ	ソ	ソ	ソ		

● ソ가 들어간 단어를 써 보세요. 모르는 글자도 미리 써 보세요.

소 - 스 ソース 소스 N3	소 - 세 - 지 ソーセージ 소시지 N4	소 우 루 ソウル 서울(한국의 수도)
ソース	ソーセージ	ソウル
ソース	ソーセージ	ソウル

● 夕행의 문자 5개를 살펴봅시다.

타 ア단	タ	タ
치 イ단	チ	チ
츠 ウ단	ツ	ツ
테 エ단	テ	テ
토 オ단	ト	ト

일단 한번
따라 써 보세요.

89

히라가나 た

유래 한자 多에서 온 글자입니다.

TIP

- ②획은 ①획의 시작점 쪽에서 오른쪽으로 가다 각지게 꺾어 내려오도록
- ③획은 ①획의 끝 부분에서 ②획을 향해 비스듬히
- ク와 헷갈리지 않게 주의

[타 ta]

● 천천히 따라 써 보세요.

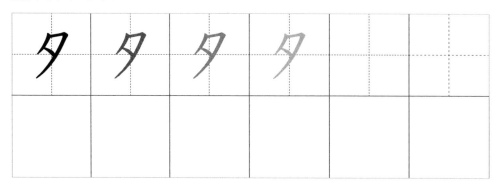

● 夕가 들어간 단어를 써 보세요. 모르는 글자도 미리 써 보세요.

타 - 미 나 루 ターミナル 터미널	타 오 루 タオル 수건 N3	타 바 꼬 タバコ 담배 N5
ターミナル	タオル	タバコ
ターミナル	タオル	タバコ

히라가나 ち

유래 한자 千에서 온 글자입니다.

TIP

- ❶획은 오른쪽에서 왼쪽으로 비스듬히
- ❷획은 왼쪽에서 오른쪽으로 일직선
- ❸획은 ❷획을 지나 내려오다 끝 부분은 살짝 곡선으로

[치 chi]

● 천천히 따라 써 보세요.

チ	チ	チ	チ		

● チ가 들어간 단어를 써 보세요. 모르는 글자도 미리 써 보세요.

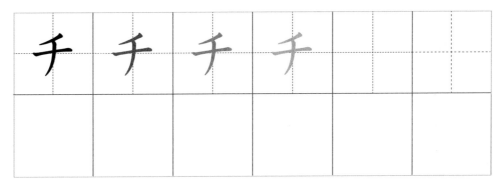

치 즈 チーズ 치즈 N2	치 무 チーム 팀 N2	치 낑 o チキン 치킨, 닭고기
チーズ	チーム	チキン
チーズ	チーム	チキン

タ행 ③ ツ

히라가나 つ

유래 한자 川에서 온 글자입니다.

[츠 tsu]

TIP
- ❶획과 ❷획은 위쪽 선에 맞춘다는 느낌으로 나란히
- ❸획도 위쪽 선에서부터 시작해서 오른쪽 아래로
- シ와 헷갈리지 않게 주의

● 천천히 따라 써 보세요.

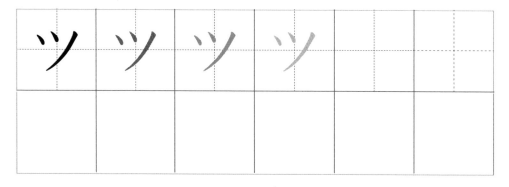

● ツ가 들어간 단어를 써 보세요. 모르는 글자도 미리 써 보세요.

츠 아 - ツアー 투어 N5	츠 잉 ° ツイン 트윈	츠 리 - ツリー 트리
ツアー	ツイン	ツリー
ツアー	ツイン	ツリー

히라가나 て

유래 한자 天에서 온 글자입니다.

TIP
- ❶획과 ❷획은 평행하게
- ❸획은 ❷획의 중간 지점에서 내려오다 끝 부분은 살짝 곡선으로
- チ와 헷갈리지 않게 주의

[테 te]

● 천천히 따라 써 보세요.

テ	テ	テ	テ		

● テ가 들어간 단어를 써 보세요. 모르는 글자도 미리 써 보세요.

테 - 부 루 テーブル 테이블 N5	테 니 스 テニス 테니스 N4	테 레 비 テレビ 텔레비전 N5
テーブル	テニス	テレビ
テーブル	テニス	テレビ

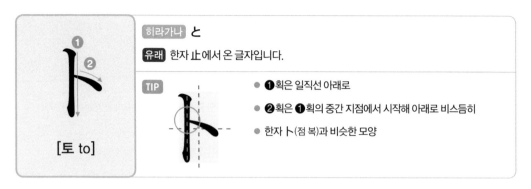

히라가나 と

유래 한자 止에서 온 글자입니다.

TIP

● ❶획은 일직선 아래로
● ❷획은 ❶획의 중간 지점에서 시작해 아래로 비스듬히
● 한자 卜(점 복)과 비슷한 모양

[토 to]

● 천천히 따라 써 보세요.

ト	ト	ト	ト		

● ト가 들어간 단어를 써 보세요. 모르는 글자도 미리 써 보세요.

토 - 스 또 トースト 토스트	토 이 레 トイレ 화장실 N5	토 마 또 トマト 토마토
トースト	トイレ	トマト
トースト	トイレ	トマト

● ナ행의 문자 5개를 살펴봅시다.

나 ア단	ナ	ナ
니 イ단	ニ	ニ
누 ウ단	ヌ	ヌ
네 エ단	ネ	ネ
노 オ단	ノ	ノ

일단 한번
따라 써 보세요.

히라가나 **な**			
유래 한자 奈에서 온 글자입니다.			

[나 na]

TIP
- ❷획은 ❶획의 중간 지점을 지나도록
- ❷획의 끝 부분은 살짝 곡선으로

● 천천히 따라 써 보세요.

ナ	ナ	ナ	ナ		

● ナ가 들어간 단어를 써 보세요. 모르는 글자도 미리 써 보세요.

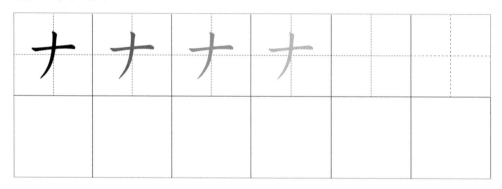

나 이 후 **ナイフ** 나이프, 칼 N5	나 뿌 낑 **ナプキン** 냅킨 N1	바 나 나 **バナナ** 바나나
ナイフ	ナプキン	バナナ
ナイフ	ナプキン	バナナ

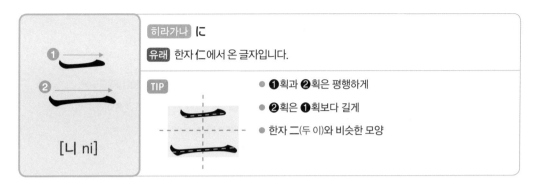

히라가나 に

유래 한자 仁에서 온 글자입니다.

TIP
- ❶획과 ❷획은 평행하게
- ❷획은 ❶획보다 길게
- 한자 二(두 이)와 비슷한 모양

[니 ni]

● 천천히 따라 써 보세요.

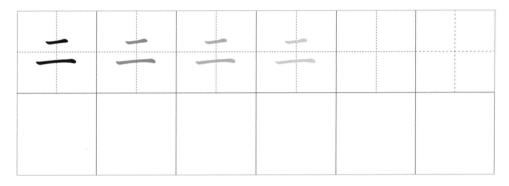

● 二가 들어간 단어를 써 보세요. 모르는 글자도 미리 써 보세요.

니 - 또 ニート 니트	아 니 메 アニメ 애니메이션 N4	콤 ㅁ 비 니 コンビニ 편의점 N3
ニート	アニメ	コンビニ
ニート	アニメ	コンビニ

[누 nu]

히라가나 ぬ

유래 한자 奴에서 온 글자입니다.

TIP

● ❶획은 오른쪽으로 가다 각지게 꺾어 내려오도록
● ❷획은 ❶획의 중간 지점을 지나 오른쪽 아래로 비스듬히
● ス와 헷갈리지 않게 주의

● 천천히 따라 써 보세요.

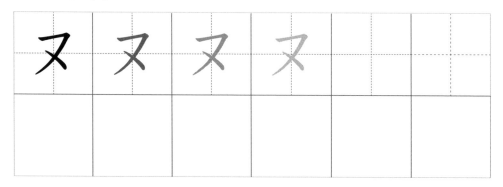

ヌ	ヌ	ヌ	ヌ		

● ヌ가 들어간 단어를 써 보세요. 모르는 글자도 미리 써 보세요.

누 - 도 루 ヌードル 누들, 국수	아 이 누 アイヌ 아이누(족) N2	카 누 - カヌー 카누
ヌードル	アイヌ	カヌー
ヌードル	アイヌ	カヌー

[네 ne]

히라가나 ね

유래 한자 祢에서 온 글자입니다.

TIP

● ❶획은 위에서 아래로 비스듬히

● ❷획은 오른쪽으로 가다 각지게 꺾어 내려오도록

● ❸획은 ❷획 중간 지점에서 일직선 아래로

● 한자 ネ(보일시변)과 비슷한 모양

● 천천히 따라 써 보세요.

ネ	ネ	ネ	ネ		

● ネ가 들어간 단어를 써 보세요. 모르는 글자도 미리 써 보세요.

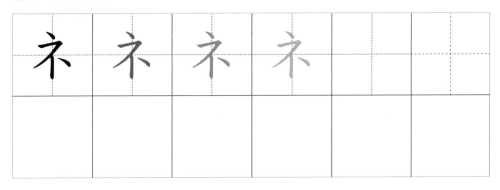

네 이 루 **ネイル** 네일, 손톱	네 꾸 따 이 **ネクタイ** 넥타이 N5	넥 ㄱ 꾸 레 스 **ネックレス** 목걸이 N3
ネイル	ネクタイ	ネックレス
ネイル	ネクタイ	ネックレス

히라가나 の

유래 한자 乃에서 온 글자입니다.

TIP ● ❶획은 오른쪽 위에서 왼쪽 아래로 살짝 곡선으로

[노 no]

● 천천히 따라 써 보세요.

ノ	ノ	ノ	ノ		

● ノ가 들어간 단어를 써 보세요. 모르는 글자도 미리 써 보세요.

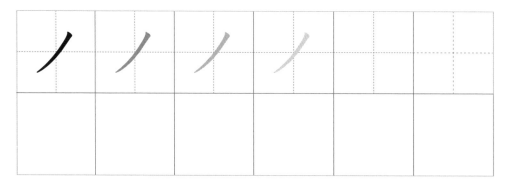

노 - 또 ノート 노트 N5	녹 ㄱ 꾸 ノック 노크	피 아 노 ピアノ 피아노 N4
ノート	ノック	ピアノ
ノート	ノック	ピアノ

● ハ행의 문자 5개를 살펴봅시다.

하 ア단	ハ	ハ
히 イ단	ヒ	ヒ
후 ウ단	フ	フ
헤 エ단	ヘ	ヘ
호 オ단	ホ	ホ

일단 한번
따라 써 보세요.

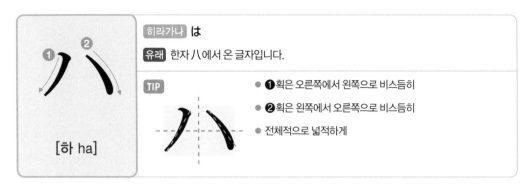

[하 ha]

히라가나 **は**

유래 한자 八에서 온 글자입니다.

TIP

- ❶획은 오른쪽에서 왼쪽으로 비스듬히
- ❷획은 왼쪽에서 오른쪽으로 비스듬히
- 전체적으로 넓적하게

● 천천히 따라 써 보세요.

ハ	ハ	ハ	ハ		

● ハ가 들어간 단어를 써 보세요. 모르는 글자도 미리 써 보세요.

하 - 또 ハート 하트 N3	하 무 스 따 - ハムスター 햄스터	항 ㅇ 까 찌 ハンカチ 손수건 N5
ハート	ハムスター	ハンカチ
ハート	ハムスター	ハンカチ

히라가나 **ひ**

유래 한자 比에서 온 글자입니다.

TIP
- ❶획은 오른쪽 위로 비스듬히
- ❷획은 ❶획의 시작점을 지나 일직선으로 내려오다 부드럽게 오른쪽으로

[히 hi]

● 천천히 따라 써 보세요.

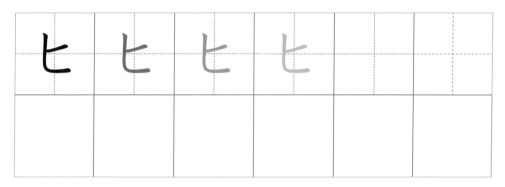

ヒ	ヒ	ヒ	ヒ		

● ヒ가 들어간 단어를 써 보세요. 모르는 글자도 미리 써 보세요.

히 - 따 - **ヒーター** 히터	히 - 로 - **ヒーロー** 히어로	코 - 히 - **コーヒー** 커피 N5
ヒーター	ヒーロー	コーヒー
ヒーター	ヒーロー	コーヒー

103

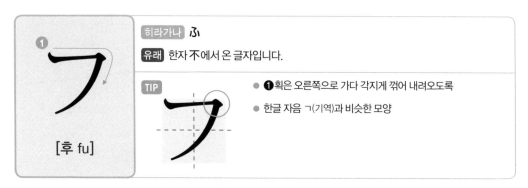

ハ행 ③ **フ**

히라가나 **ふ**

유래 한자 不에서 온 글자입니다.

TIP
- ❶획은 오른쪽으로 가다 각지게 꺾어 내려오도록
- 한글 자음 ㄱ(기역)과 비슷한 모양

[후 fu]

● 천천히 따라 써 보세요.

フ	フ	フ	フ	フ		

● フ가 들어간 단어를 써 보세요. 모르는 글자도 미리 써 보세요.

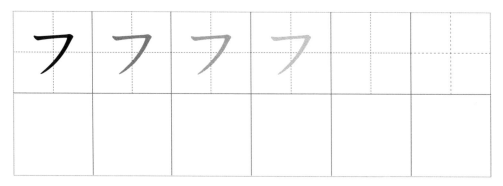

후 란 ㄴ 스 **フランス** 프랑스	아 후 리 까 **アフリカ** 아프리카	스 까 - 후 **スカーフ** 스카프 N3
フランス	アフリカ	スカーフ
フランス	アフリカ	スカーフ

104

八행 ④ へ

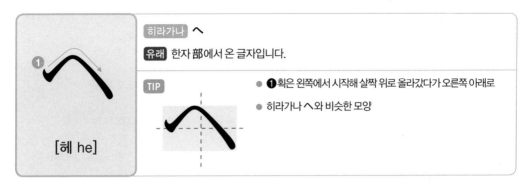

[헤 he]

히라가나 へ

유래 한자 部에서 온 글자입니다.

TIP
● ❶획은 왼쪽에서 시작해 살짝 위로 올라갔다가 오른쪽 아래로
● 히라가나 へ와 비슷한 모양

● 천천히 따라 써 보세요.

へ	へ	へ	へ		

● へ가 들어간 단어를 써 보세요. 모르는 글자도 미리 써 보세요.

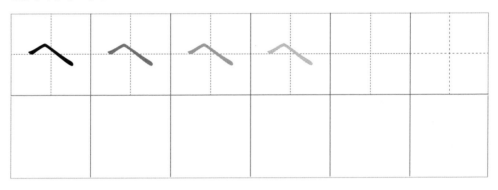

헤 아 へ ア 헤어, 머리카락	헤 리 꼬 뿌 따 - ヘリコプター 헬리콥터	헫 드 도 홍 ㅇ ヘッドホン 헤드폰
へ ア	ヘリコプター	ヘッドホン
へ ア	ヘリコプター	ヘッドホン

ハ행 5 ホ

히라가나 **ほ**

유래 한자 保에서 온 글자입니다.

TIP

- ❷획은 일직선 아래로 내려가 왼쪽으로 삐치게
- ❸획과 ❹획은 ❷획을 중앙에 두고 양쪽에 나란히

[호 ho]

● 천천히 따라 써 보세요.

ホ	ホ	ホ	ホ		

● ホ가 들어간 단어를 써 보세요. 모르는 글자도 미리 써 보세요.

호 - 무 뻬 - 지 ホームページ 홈페이지	호 떼 루 ホテル 호텔 N5	스 마 호 スマホ 스마트폰 N4
ホームページ	ホテル	スマホ
ホームページ	ホテル	スマホ

● マ행의 문자 5개를 살펴봅시다.

마 ア단	マ	マ
미 イ단	ミ	ミ
무 ウ단	ム	ム
메 エ단	メ	メ
모 オ단	モ	モ

일단 한번
따라 써 보세요.

[마 ma]

히라가나 **ま**

유래 한자 末에서 온 글자입니다.

TIP

- ❶획은 오른쪽으로 가다 각지게 꺾어 내려오도록
- ❷획은 ❶획의 끝 지점을 지나 오른쪽 아래로 비스듬히
- ア와 헷갈리지 않게 주의

● 천천히 따라 써 보세요.

マ	マ	マ	マ		

● マ가 들어간 단어를 써 보세요. 모르는 글자도 미리 써 보세요.

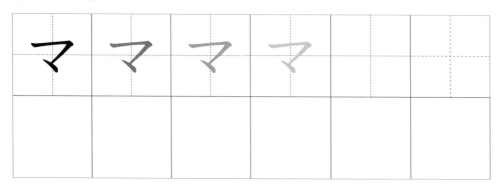

마 스 꾸 **マスク** 마스크 N4	마 후 라 - **マフラー** 머플러 N3	망 고 - **マンゴー** 망고
マスク	マフラー	マンゴー
マスク	マフラー	マンゴー

マ행 **2** ミ

히라가나 **み**

유래 한자 三에서 온 글자입니다.

TIP
- ❶획, ❷획, ❸획은 비스듬히 평행하게
- ❸획은 약간 길게
- 한자 氵(삼수변)과 비슷한 모양

[미 mi]

● 천천히 따라 써 보세요.

ミ	ミ	ミ	ミ		

● ミ가 들어간 단어를 써 보세요. 모르는 글자도 미리 써 보세요.

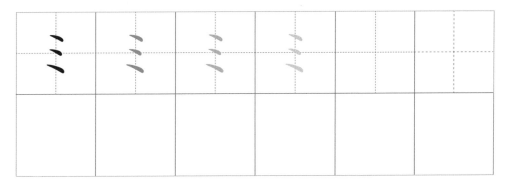

미 - 또 보 - 루 ミートボール 미트볼	미 사 이 루 ミサイル 미사일	미 루 꾸 ミルク 밀크, 우유 N3
ミートボール	ミサイル	ミルク
ミートボール	ミサイル	ミルク

히라가나 **む**

유래 한자 牟에서 온 글자입니다.

TIP
- ❶획은 왼쪽 아래로 대각선으로 내려와 꺾은 후 오른쪽으로
- ❷획은 ❶획의 끝 지점을 지나 오른쪽 아래로 비스듬히

[무 mu]

● 천천히 따라 써 보세요.

ム	ム	ム	ム			

● ム가 들어간 단어를 써 보세요. 모르는 글자도 미리 써 보세요.

무 - 비 - ム―ビ― 무비, 영화	쿠 리 - 무 クリーム 크림 N2	고 무 ゴム 고무 N2
ム―ビ―	クリーム	ゴム
ム―ビ―	クリーム	ゴム

[메 me]

히라가나 め

유래 한자 女에서 온 글자입니다.

TIP

● ❶획은 오른쪽 위에서 왼쪽 아래로 살짝 곡선으로

● ❷획은 ❶획의 중간 지점을 지나 오른쪽 아래로 비스듬히

● ノ와 헷갈리지 않게 주의

● 천천히 따라 써 보세요.

メ	メ	メ	メ			

● メ가 들어간 단어를 써 보세요. 모르는 글자도 미리 써 보세요.

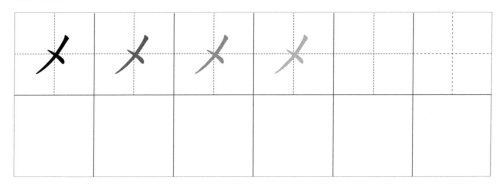

메 - 또 루 メートル 미터 N4	메 - 루 メール 메일, 문자메시지	메 롱 ㅇ メロン 멜론
メートル	メール	メロン
メートル	メール	メロン

히라가나 も

유래 한자 毛에서 온 글자입니다.

TIP
● ❶획과 ❷획은 평행하게
● ❸획은 ❶획과 ❷획을 이등분하듯이 내려오다 부드럽게 오른쪽으로

[모 mo]

● 천천히 따라 써 보세요.

モ	モ	モ	モ		

● モ가 들어간 단어를 써 보세요. 모르는 글자도 미리 써 보세요.

모 데 루 モデル 모델	모 니 따 - モニター 모니터 N4	메 모 メモ 메모 N5
モデル	モニター	メモ
モデル	モニター	メモ

● ヤ행의 문자 3개를 살펴봅시다.

야 ア단	ヤ	ヤ
유 ウ단	ユ	ユ
요 オ단	ヨ	ヨ

ヤ행은 세 글자밖에 없어요.
일단 한번 따라 써 보세요.

113

ヤ행 ① ヤ

 MP3 02-16

[야 ya]

히라가나 や

유래 한자 也에서 온 글자입니다.

TIP

- ❶획은 오른쪽으로 가다 각지게 꺾어 내려오도록
- ❷획은 ❶획의 중간 지점을 지나 오른쪽 아래로 비스듬히
- マ와 헷갈리지 않게 주의

● 천천히 따라 써 보세요.

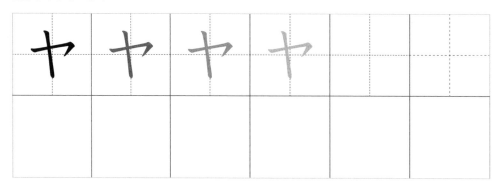

ヤ	ヤ	ヤ	ヤ		

● ヤ가 들어간 단어를 써 보세요. 모르는 글자도 미리 써 보세요.

이 아 링 ㅇ 구 **イヤリング** 귀걸이 N4	비 리 야 - 도 **ビリヤード** 당구	타 이 아 **タイヤ** 타이어 N2
イヤリング	ビリヤード	タイヤ
イヤリング	ビリヤード	タイヤ

114

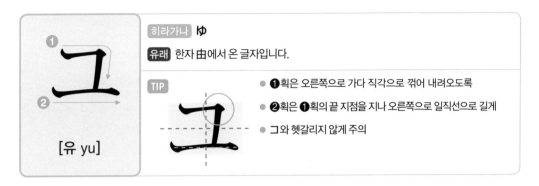

히라가나 ゆ

유래 한자 由에서 온 글자입니다.

TIP
- ❶획은 오른쪽으로 가다 직각으로 꺾어 내려오도록
- ❷획은 ❶획의 끝 지점을 지나 오른쪽으로 일직선으로 길게
- ㄱ와 헷갈리지 않게 주의

[유 yu]

● 천천히 따라 써 보세요.

ユ	ユ	ユ	ユ			

● ユ가 들어간 단어를 써 보세요. 모르는 글자도 미리 써 보세요.

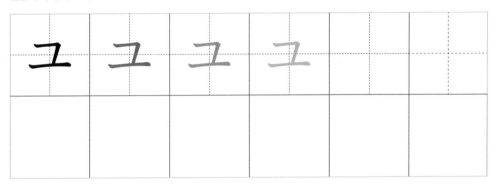

유 ‑ 모 아 ユーモア 유머 N2	유 ‑ 로 ユーロ 유로(€)	유 니 호 ‑ 무 ユニホーム 유니폼
ユーモア	ユーロ	ユニホーム
ユーモア	ユーロ	ユニホーム

115

[요 yo]

히라가나 よ

유래 한자 與에서 온 글자입니다.

TIP
- ❶획은 오른쪽으로 가다 직각으로 꺾어 내려오도록
- ❶획, ❷획, ❸획이 평행하게
- 한글 자음 ㅌ(티읕)을 거꾸로 한 것과 비슷한 모양

● 천천히 따라 써 보세요.

ヨ	ヨ	ヨ	ヨ		

● ヨ가 들어간 단어를 써 보세요. 모르는 글자도 미리 써 보세요.

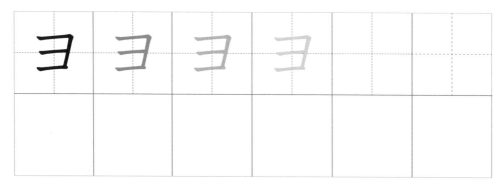

요 가 ヨガ 요가	요 - 구 루 또 ヨーグルト 요구르트	욜 드 또 ヨット 요트 N2
ヨガ	ヨーグルト	ヨット
ヨガ	ヨーグルト	ヨット

● ラ행의 문자 5개를 살펴봅시다.

라 ア단	ラ	ラ
리 イ단	リ	リ
루 ウ단	ル	ル
레 エ단	レ	レ
로 オ단	ロ	ロ

일단 한번
따라 써 보세요.

117

● 천천히 따라 써 보세요.

ラ	ラ	ラ	ラ		

● ラ가 들어간 단어를 써 보세요. 모르는 글자도 미리 써 보세요.

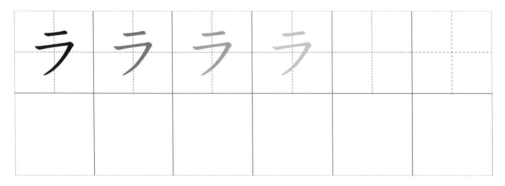

라 이 옹 ㅇ ライオン 사자	라 지 오 ラジオ 라디오 N5	란 ㄴ 찌 ランチ 런치 N3
ライオン	ラジオ	ランチ
ライオン	ラジオ	ランチ

118

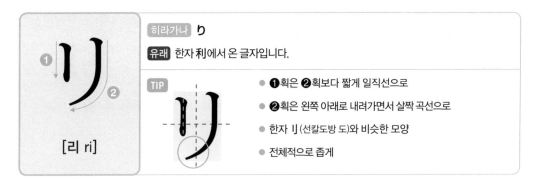

히라가나 **り**

유래 한자 利에서 온 글자입니다.

TIP
- ❶획은 ❷획보다 짧게 일직선으로
- ❷획은 왼쪽 아래로 내려가면서 살짝 곡선으로
- 한자 刂(선칼도방 도)와 비슷한 모양
- 전체적으로 좁게

[리 ri]

● 천천히 따라 써 보세요.

リ	リ	リ	リ		

● リ가 들어간 단어를 써 보세요. 모르는 글자도 미리 써 보세요.

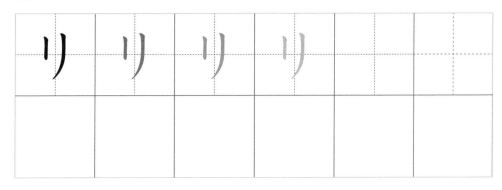

리 스 또 リスト 리스트	리 봉 ㅇ リボン 리본 N3	스 또 - 리 - ストーリー 스토리 N3
リスト	リボン	ストーリー
リスト	リボン	ストーリー

히라가나	る
유래	한자 流에서 온 글자입니다.

[루 ru]

TIP
- ❶획의 끝 부분은 살짝 곡선으로
- ❷획은 일직선으로 내려오다 오른쪽으로 꺾어 길게 삐치도록

● 천천히 따라 써 보세요.

ル	ル	ル	ル		

● ル가 들어간 단어를 써 보세요. 모르는 글자도 미리 써 보세요.

루 - 루 ルール 룰, 규칙 N1	스 따 이 루 スタイル 스타일 N3	하 이 히 - 루 ハイヒール 하이힐
ルール	スタイル	ハイヒール
ルール	スタイル	ハイヒール

120

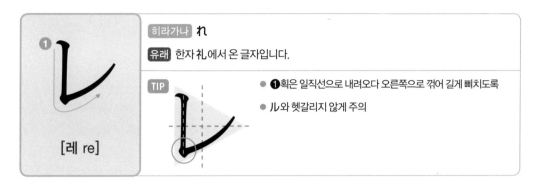

히라가나 **れ**

유래 한자 礼에서 온 글자입니다.

TIP
- ❶획은 일직선으로 내려오다 오른쪽으로 꺾어 길게 삐치도록
- ル와 헷갈리지 않게 주의

[레 re]

● 천천히 따라 써 보세요.

レ	レ	レ	レ		

● レ가 들어간 단어를 써 보세요. 모르는 글자도 미리 써 보세요.

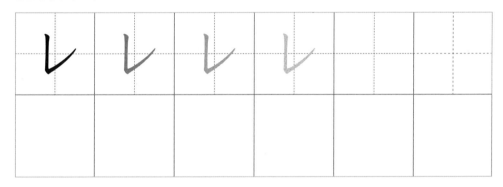

레 스 또 랑 ○ **レストラン** 레스토랑	레 몽 ○ **レモン** 레몬	모 노 레 - 루 **モノレール** 모노레일
レストラン	レモン	モノレール
レストラン	レモン	モノレール

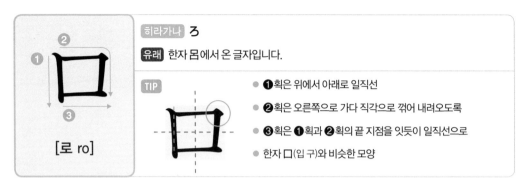

히라가나 ろ

유래 한자 呂에서 온 글자입니다.

TIP
● ❶획은 위에서 아래로 일직선
● ❷획은 오른쪽으로 가다 직각으로 꺾어 내려오도록
● ❸획은 ❶획과 ❷획의 끝 지점을 잇듯이 일직선으로
● 한자 口(입 구)와 비슷한 모양

[로 ro]

● 천천히 따라 써 보세요.

● ロ가 들어간 단어를 써 보세요. 모르는 글자도 미리 써 보세요.

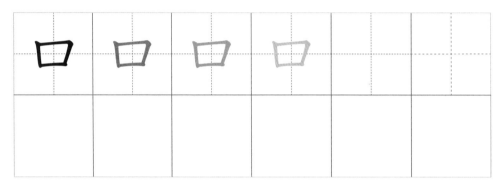

로 비 - ロビー 로비 N3	로 만 ㄴ스 ロマンス 로맨스	록 ㄱ 까 - ロッカー 로커 N2
ロビー	ロマンス	ロッカー
ロビー	ロマンス	ロッカー

● ワ행의 문자 2개와 ン을 먼저 살펴봅시다.

와 ア단	ワ	ワ
오 オ단	ヲ	ヲ
응	ン	ン

ワ행도 두 글자밖에 없답니다.
일단 한번 따라 써 보세요.

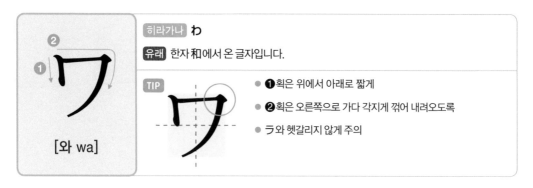

히라가나 わ

유래 한자 和에서 온 글자입니다.

TIP
- ❶획은 위에서 아래로 짧게
- ❷획은 오른쪽으로 가다 각지게 꺾어 내려오도록
- ㅋ와 헷갈리지 않게 주의

[와 wa]

● 천천히 따라 써 보세요.

ワ	ワ	ワ	ワ		

● ワ가 들어간 단어를 써 보세요. 모르는 글자도 미리 써 보세요.

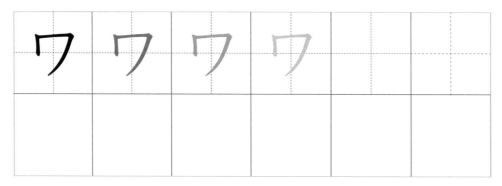

와 잉 ワイン 와인 N2	와 꾸 찡 ワクチン 백신	왕 ㅁ 삐 - ㅅ ワンピース 원피스
ワイン	ワクチン	ワンピース
ワイン	ワクチン	ワンピース

히라가나 を

유래 한자 乎에서 온 글자입니다.

TIP

● ❶획과 ❷획은 평행하게
● ❸획은 ❶획과 ❷획의 끝 지점을 지나 살짝 곡선으로
● フ와 헷갈리지 않게 주의

[오 wo]

● 천천히 따라 써 보세요.

ヲ	ヲ	ヲ	ヲ		

● ヲ를 써 보세요.

ヲ 오 ~을/를 (※ 조사는 히라가나로 쓰기 때문에 가타카나 ヲ는 사용할 일이 거의 없습니다.)		
ヲ	ヲ	ヲ
ヲ	ヲ	ヲ

ン

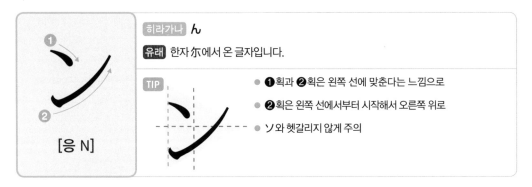

히라가나 ん

유래 한자 尔에서 온 글자입니다.

TIP
- ❶획과 ❷획은 왼쪽 선에 맞춘다는 느낌으로
- ❷획은 왼쪽 선에서부터 시작해서 오른쪽 위로
- ソ와 헷갈리지 않게 주의

[응 N]

● 천천히 따라 써 보세요.

ン	ン	ン	ン			

● ン이 들어간 단어를 써 보세요. 모르는 글자도 미리 써 보세요.

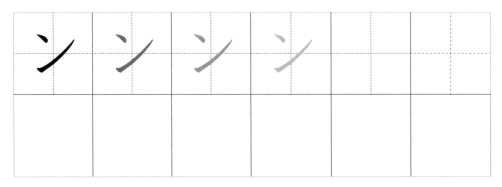

팡 ○ パン 빵 N5	센 ㄴ 따 - センター 센터 N3	템 ㅁ 뽀 テンポ 템포 N2
パン	センター	テンポ
パン	センター	テンポ

126

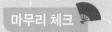

● 가타카나를 따라 써 보고 빈칸에 해당하는 글자를 채워 보세요.

단 행	ア단	イ단	ウ단	エ단	オ단
ア행	ア [아 a]	イ [이 i]	❶ [우 u]	エ [에 e]	オ [오 o]
カ행	カ [카 ka]	キ [키 ki]	ク [쿠 ku]	❷ [케 ke]	コ [코 ko]
サ행	サ [사 sa]	❸ [시 shi]	ス [스 su]	セ [세 se]	ソ [소 so]
タ행	タ [타 ta]	チ [치 chi]	❹ [츠 tsu]	テ [테 te]	ト [토 to]
ナ행	❺ [나 na]	ニ [니 ni]	ヌ [누 nu]	ネ [네 ne]	ノ [노 no]
ハ행	ハ [하 ha]	ヒ [히 hi]	フ [후 fu]	ヘ [헤 he]	❻ [호 ho]
マ행	マ [마 ma]	ミ [미 mi]	ム [무 mu]	❼ [메 me]	モ [모 mo]
ヤ행	❽ [야 ya]		ユ [유 yu]		ヨ [요 yo]
ラ행	ラ [라 ra]	リ [리 ri]	ル [루 ru]	レ [레 re]	❾ [로 ro]
ワ행	ワ [와 wa]				ヲ [오 wo]
ン	❿ [응 N]				

|정답| ❶ウ ❷ケ ❸シ ❹ツ ❺ナ ❻ホ ❼メ ❽ヤ ❾ロ ❿ン

PART 3

특별한 발음

- 탁음
- 반탁음
- 요음
- 가타카나 이중모음
- 특수 발음

맑은 소리를 내는 기본 문자, 청음 외에도 일본어에는 여러 가지 문자와 발음이 있습니다. 탁음, 반탁음, 요음 그리고 촉음, 장음, 발음(撥音)과 같은 특수 발음에 대해 알아보겠습니다. 앞에서 배운 히라가나와 가타카나를 잘 익히고 따라오세요.

탁음

'탁음'이란 성대를 울리는 탁한 소리의 문자로, 청음 か행·さ행·た행·は행 딱 네 가지 문자의 오른쪽 윗부분에 탁점(゛)을 붙여 표기합니다. 다만, 현대 일본어에서는 ぢ(ヂ)와 づ(ヅ)는 잘 사용하지 않습니다.

그럼 히라가나 탁음과 가타카나 탁음을 함께 알아봅시다.

행＼단	あ단	い단	う단	え단	お단
が행	が [가 ga]	ぎ [기 gi]	ぐ [구 gu]	げ [게 ge]	ご [고 go]
ざ행	ざ [자 za]	じ [지 ji]	ず [즈 zu]	ぜ [제 ze]	ぞ [조 zo]
だ행	だ [다 da]	ぢ [지 ji]	づ [즈 zu]	で [데 de]	ど [도 do]
ば행	ば [바 ba]	び [비 bi]	ぶ [부 bu]	べ [베 be]	ぼ [보 bo]

행＼단	ア단	イ단	ウ단	エ단	オ단
ガ행	ガ [가 ga]	ギ [기 gi]	グ [구 gu]	ゲ [게 ge]	ゴ [고 go]
ザ행	ザ [자 za]	ジ [지 ji]	ズ [즈 zu]	ゼ [제 ze]	ゾ [조 zo]
ダ행	ダ [다 da]	ヂ [지 ji]	ヅ [즈 zu]	デ [데 de]	ド [도 do]
バ행	バ [바 ba]	ビ [비 bi]	ブ [부 bu]	ベ [베 be]	ボ [보 bo]

● 문자와 단어를 따라 써 보세요.

| が [가 ga] | が | 각 ㅋ 세- がくせい 학생 N5 | がくせい | がくせい | |
| | | 테 가 미 てがみ 편지 N5 | てがみ | てがみ | |

발음 '(응)가' 하고 성대를 울리게 발음합니다.

| ぎ [기 gi] | ぎ | 카 기 かぎ 열쇠 N5 | かぎ | かぎ | |
| | | 우 와 기 うわぎ 윗옷 N5 | うわぎ | うわぎ | |

발음 '(응)기' 하고 성대를 울리게 발음합니다.

| ぐ [구 gu] | ぐ | 구 아 이 ぐあい 상태 N4 | ぐあい | ぐあい | |
| | | 카 구 かぐ 가구 N3 | かぐ | かぐ | |

발음 '(응)구'와 '(응)그'의 중간 발음으로 입술을 약간만 내밀고 성대를 울리게 합니다.

| げ [게 ge] | げ | 겡 ㅇ 끼 げんき 기운, 힘 N5 | げんき | げんき | |
| | | 마 쯔 게 まつげ 속눈썹 | まつげ | まつげ | |

발음 '(응)게' 하고 성대를 울리게 발음합니다.

| ご [고 go] | ご | 고 ご 오(5) N5 | ご | ご | |
| | | 고 미 ごみ 쓰레기 N4 | ごみ | ごみ | |

발음 '(응)고' 하고 성대를 울리게 발음합니다.

131

● 문자와 단어를 따라 써 보세요.

| ガ [가 ga] | ガ | 가 이 도
ガイド
가이드 N1 | ガイド | ガイド | |
| | | 가 스
ガス
가스 N4 | ガス | ガス | |

히라가나 が

| ギ [기 gi] | ギ | 기 따 -
ギター
기타 N5 | ギター | ギター | |
| | | 이 기 리 스
イギリス
영국 | イギリス | イギリス | |

히라가나 ぎ

| グ [구 gu] | グ | 구 라 스
グラス
글라스, 유리컵 N5 | グラス | グラス | |
| | | 함 ㅁ 바 - 구
ハンバーグ
햄버그 N4 | ハンバーグ | ハンバーグ | |

히라가나 ぐ

| ゲ [게 ge] | ゲ | 게 - 무
ゲーム
게임 N4 | ゲーム | ゲーム | |
| | | 게 스 또
ゲスト
손님 N1 | ゲスト | ゲスト | |

히라가나 げ

| ゴ [고 go] | ゴ | 고 - 루
ゴール
골, 목표 N2 | ゴール | ゴール | |
| | | 고 루 후
ゴルフ
골프 | ゴルフ | ゴルフ | |

히라가나 ご

● 문자와 단어를 따라 써 보세요.

| ぎ [자 za] | ざ | 잔 ㄴ 넹 ㅇ
ざんねん
유감, 아쉬움　N4 | ざんねん | ざんねん | |
| | | 히 자
ひざ
무릎　N2 | ひざ | ひざ | |

発音 '(응)자' 하고 혀 끝을 윗잇몸에 대어 성대를 울리게 발음합니다.

| じ [지 ji] | じ | 지 깡 ㅇ
じかん
시간　N5 | じかん | じかん | |
| | | 아 지
あじ
맛　N4 | あじ | あじ | |

発音 '(응)지' 하고 입꼬리를 살짝 늘려 발음합니다.

| ず [즈 zu] | ず | 즈 쯔
ずつう
두통　N2 | ずつう | ずつう | |
| | | 미 즈
みず
물　N5 | みず | みず | |

発音 '(응)즈' 하고 입꼬리를 너무 아래로 당기지 말고 혀 끝을 윗잇몸에 대어 성대를 울리게 발음합니다.

| ぜ [제 ze] | ぜ | 제 히
ぜひ
꼭, 제발　N3 | ぜひ | ぜひ | |
| | | 카 제
かぜ
바람　N5 | かぜ | かぜ | |

発音 '(응)제' 하고 혀 끝을 윗잇몸에 대어 성대를 울리게 발음합니다.

| ぞ [조 zo] | ぞ | 조
ぞう
코끼리　N2 | ぞう | ぞう | |
| | | 카 조 꾸
かぞく
가족　N5 | かぞく | かぞく | |

発音 '(응)조' 하고 혀 끝을 윗잇몸에 대어 성대를 울리게 발음합니다.

● 문자와 단어를 따라 써 보세요.

ザ [자 za]	ザ	데자또 **デザート** 디저트 N3	デザート	デザート	
		피자 **ピザ** 피자	ピザ	ピザ	

히라가나 **ざ**

ジ [지 ji]	ジ	지ー ㄴ즈 **ジーンズ** 청바지 N2	ジーンズ	ジーンズ	
		라운ㄴ지 **ラウンジ** 라운지	ラウンジ	ラウンジ	

히라가나 **じ**

ズ [즈 zu]	ズ	즈봉ㅇ **ズボン** 바지 N5	ズボン	ズボン	
		사이즈 **サイズ** 사이즈 N3	サイズ	サイズ	

히라가나 **ず**

ゼ [제 ze]	ゼ	제미 **ゼミ** 세미나 N2	ゼミ	ゼミ	
		제로 **ゼロ** 제로(0) N5	ゼロ	ゼロ	

히라가나 **ぜ**

ゾ [조 zo]	ゾ	좀ㅁ비 **ゾンビ** 좀비	ゾンビ	ゾンビ	
		리조ー또 **リゾート** 리조트	リゾート	リゾート	

히라가나 **ぞ**

134

● 문자와 단어를 따라 써 보세요.

| だ
[다 da] | だ | 다 이 가 꾸
だいがく
대학교　N5 | だいがく | だいがく | |
| | | 카 이 당。
かいだん
계단　N5 | かいだん | かいだん | |

발음　'(응)다' 하고 성대를 울리게 발음합니다.

| ぢ
[지 ji] | ぢ | 치 지 무
ちぢむ
줄어들다　N2 | ちぢむ | ちぢむ | |
| | | 하 나 지
はなぢ
코피 | はなぢ | はなぢ | |

발음　'(응)지' 하고 입꼬리를 살짝 늘려 발음합니다. じ와 발음이 같습니다.

| づ
[즈 zu] | づ | 코 즈 까 이
こづかい
용돈　N2 | こづかい | こづかい | |
| | | 츠 즈 꾸
つづく
계속되다　N4 | つづく | つづく | |

발음　'(응)즈' 하고 혀 끝을 윗잇몸에 대어 성대를 울리게 발음합니다. ず와 발음이 같습니다.

| で
[데 de] | で | 뎅 끼
でんき
전기, 불　N5 | でんき | でんき | |
| | | 우 데
うで
팔　N4 | うで | うで | |

발음　'(응)데' 하고 성대를 울리게 발음합니다.

| ど
[도 do] | ど | 도 로
どうろ
도로　N3 | どうろ | どうろ | |
| | | 운 도
うんどう
운동　N4 | うんどう | うんどう | |

발음　'(응)도' 하고 성대를 울리게 발음합니다.

● 문자와 단어를 따라 써 보세요.

| ダ
[다 da] | ダ | ^{단 ㄴ 스}
ダンス
댄스, 춤　N4 | ダンス | ダンス | |
| | | ^{판 ㄴ 다}
パンダ
판다 | パンダ | パンダ | |

히라가나 だ

| ヂ
[지 ji] | ヂ | ^{치 지 미}
チヂミ
부침개(한국의 요리) | チヂミ | チヂミ | |
| | | ヂ | | | |

히라가나 ぢ

| ヅ
[즈 zu] | ヅ | ヅ | ヅ | ヅ | ヅ |
| | | | | | |

히라가나 づ

| デ
[데 de] | デ | ^{데 자 잉 。}
デザイン
디자인　N1 | デザイン | デザイン | |
| | | ^{데 빠 - 또}
デパート
백화점　N5 | デパート | デパート | |

히라가나 で

| ド
[도 do] | ド | ^{도 - 나 쯔}
ドーナツ
도넛 | ドーナツ | ドーナツ | |
| | | ^{도 루}
ドル
달러($) | ドル | ドル | |

히라가나 ど

136

● 문자와 단어를 따라 써 보세요.

| ば [바 ba] | ば | 방 고
ばんごう
번호　N5 | ばんごう | ばんごう | |
| | | 소 바
そば
옆, 곁　N4 | そば | そば | |

발음 '(응)바' 하고 성대를 울리게 발음합니다.

| び [비 bi] | び | 비 요 잉
びょういん
미용실 | びょういん | びょういん | |
| | | 유 비
ゆび
손가락　N4 | ゆび | ゆび | |

발음 '(응)비' 하고 성대를 울리게 발음합니다.

| ぶ [부 bu] | ぶ | 부 따
ぶた
돼지 | ぶた | ぶた | |
| | | 부 도
ぶどう
포도　N4 | ぶどう | ぶどう | |

발음 '(응)부'와 '(응)브'의 중간 발음으로 입술을 약간만 내밀고 성대를 울리게 합니다.

| べ [베 be] | べ | 벤 ㄷ 또
べんとう
도시락 | べんとう | べんとう | |
| | | 타 베 루
たべる
먹다　N5 | たべる | たべる | |

발음 '(응)베' 하고 성대를 울리게 발음합니다.

| ぼ [보 bo] | ぼ | 보 시
ぼうし
모자　N4 | ぼうし | ぼうし | |
| | | 우 메 보 시
うめぼし
매실장아찌 | うめぼし | うめぼし | |

발음 '(응)보' 하고 성대를 울리게 발음합니다.

● 문자와 단어를 따라 써 보세요.

	バ	바 나 나 バナナ 바나나	バナナ	バナナ	
[바 ba]		멤 ㅁ 바 - メンバー 멤버 N3	メンバー	メンバー	

히라가나 ば

	ビ	비 - 후 ビーフ 비프, 소고기	ビーフ	ビーフ	
[비 bi]		비 - 루 ビール 맥주 N4	ビール	ビール	

히라가나 び

	ブ	부 라 우 스 ブラウス 블라우스 N3	ブラウス	ブラウス	
[부 bu]		다 부 루 ダブル 더블 N1	ダブル	ダブル	

히라가나 ぶ

	ベ	베 또 나 무 ベトナム 베트남	ベトナム	ベトナム	
[베 be]		베 루 또 ベルト 벨트 N3	ベルト	ベルト	

히라가나 ベ

	ボ	보 - 나 스 ボーナス 보너스 N3	ボーナス	ボーナス	
[보 bo]		보 - 루 ボール 볼, 공 N4	ボール	ボール	

히라가나 ぼ

반탁음

'반탁음'이란 숨을 터트리듯 내보내는 소리의 문자로, は행 딱 한 가지 문자의 오른쪽 윗부분에 반탁점(ﾟ)을 붙여 표기합니다. 어두에 올 때는 'ㅍ'와 같이 입술을 다물었다가 떼면서 가볍게 소리가 나고 어중이나 어말에 올 때는 'ㅃ'와 같은 소리가 납니다.

그럼 히라가나 반탁음과 가타카나 반탁음을 함께 알아봅시다.

행＼단	あ단	い단	う단	え단	お단
ぱ행	ぱ [파 pa]	ぴ [피 pi]	ぷ [푸 pu]	ぺ [페 pe]	ぽ [포 po]

행＼단	ア단	イ단	ウ단	エ단	オ단
バ행	パ [파 pa]	ピ [피 pi]	プ [푸 pu]	ペ [페 pe]	ポ [포 po]

● 문자와 단어를 따라 써 보세요.

ぱ 　ぱ [파 pa]	칸 　파 이 かんぱい 건배　　N3	かんぱい	かんぱい	
	합 부 빠 はっぱ 잎	はっぱ	はっぱ	

발음 '파' 하고 입술을 다물었다가 떼면서 약하게 힘을 빼 발음합니다.

ぴ　ぴ [피 pi]	피 까 뻬 까 ぴかぴか 반짝거리는 모양	ぴかぴか	ぴかぴか	
	암 ㅁ 삐 あんぴ 안부	あんぴ	あんぴ	

발음 '피' 하고 입술을 다물었다가 떼면서 약하게 힘을 빼 발음합니다.

ぷ　ぷ [푸 pu]	킵 부 뿌 きっぷ 표, 티켓　　N5	きっぷ	きっぷ	
	뱁 부 뿌 べっぷ 벳푸(일본의 도시)	べっぷ	べっぷ	

발음 '푸'와 '프'의 중간 모양으로 입술을 다물었다가 떼면서 약하게 힘을 빼 발음합니다.

ぺ　ぺ [페 pe]	페 꼬 뻬 꼬 ぺこぺこ 배가 고픈 모양	ぺこぺこ	ぺこぺこ	
	페 라 뻬 라 ぺらぺら 술술 말하는 모양	ぺらぺら	ぺらぺら	

발음 '페' 하고 입술을 다물었다가 떼면서 약하게 힘을 빼 발음합니다.

ぽ　ぽ [포 po]	입 ㅂ 뽀 いっぽ 한걸음	いっぽ	いっぽ	
	삼 ㅁ 뽀 さんぽ 산책　　N5	さんぽ	さんぽ	

발음 '포' 하고 입술을 다물었다가 떼면서 약하게 힘을 빼 발음합니다.

● 문자와 단어를 따라 써 보세요.

パ [파 pa]	パ	파 소 꽁 ° パソコン 컴퓨터(PC) N4	パソコン	パソコン
		파 와 - パワー 파워, 힘	パワー	パワー

히라가나 ぱ

ピ [피 pi]	ピ	피 - 망 ° ピーマン 피망	ピーマン	ピーマン
		코 삐 - コピー 카피, 복사 N4	コピー	コピー

히라가나 ぴ

プ [푸 pu]	プ	푸 - 루 プール 풀, 수영장 N4	プール	プール
		스 뿌 - ° スプーン 스푼, 숟가락 N5	スプーン	スプーン

히라가나 ぷ

ペ [페 pe]	ペ	펟 ㄷ 또 ペット 반려동물 N4	ペット	ペット
		스 뻬 잉 ° スペイン 스페인	スペイン	スペイン

히라가나 ぺ

ポ [포 po]	ポ	포 인 ㄴ 또 ポイント 포인트 N1	ポイント	ポイント
		포 스 따 - ポスター 포스터 N3	ポスター	ポスター

히라가나 ぽ

● 탁음과 반탁음을 따라 써 보고 빈칸에 해당하는 글자를 채워 보세요.

행＼단	あ단	い단	う단	え단	お단
が행	❶ [가 ga]	ぎ [기 gi]	ぐ [구 gu]	げ [게 ge]	ご [고 go]
ざ행	ざ [자 za]	じ [지 ji]	❷ [즈 zu]	ぜ [제 ze]	ぞ [조 zo]
だ행	だ [다 da]	ぢ [지 ji]	づ [즈 zu]	で [데 de]	❸ [도 do]
ば행	ば [바 ba]	び [비 bi]	ぶ [부 bu]	❹ [베 be]	ぼ [보 bo]
ぱ행	ぱ [파 pa]	❺ [피 pi]	ぶ [푸 pu]	ぺ [페 pe]	ぽ [포 po]

행＼단	ア단	イ단	ウ단	エ단	オ단
ガ행	ガ [가 ga]	ギ [기 gi]	グ [구 gu]	ゲ [게 ge]	❻ [고 go]
ザ행	❼ [자 za]	ジ [지 ji]	ズ [즈 zu]	ゼ [제 ze]	ゾ [조 zo]
ダ행	ダ [다 da]	ヂ [지 ji]	ヅ [즈 zu]	❽ [데 de]	ド [도 do]
バ행	バ [바 ba]	❾ [비 bi]	ブ [부 bu]	ベ [베 be]	ボ [보 bo]
パ행	パ [파 pa]	ピ [피 pi]	❿ [푸 pu]	ペ [페 pe]	ポ [포 po]

|정답| ❶ が ❷ ず ❸ ど ❹ べ ❺ ぴ ❻ ゴ ❼ ザ ❽ デ ❾ ビ ❿ プ

요음

'요음'은 い단, 즉 き・ぎ・し・じ・ち・に・ひ・び・ぴ・み・り에 반모음인 や・ゆ・よ를 ゃ・ゅ・ょ와 같이 작게 표기하여 한 글자로 취급합니다. 가타카나도 마찬가지이며, 두 글자를 합한 것이지만 한 박자로 발음합니다.

그럼 히라가나 요음과 가타카나 요음에 대해 알아봅시다.

	や	ゆ	よ		ヤ	ユ	ヨ
き	きゃ [캬 kya]	きゅ [큐 kyu]	きょ [쿄 kyo]	キ	キャ [캬 kya]	キュ [큐 kyu]	キョ [쿄 kyo]
ぎ	ぎゃ [갸 gya]	ぎゅ [규 gyu]	ぎょ [교 gyo]	ギ	ギャ [갸 gya]	ギュ [규 gyu]	ギョ [교 gyo]
し	しゃ [샤 sha]	しゅ [슈 shu]	しょ [쇼 sho]	シ	シャ [샤 sha]	シュ [슈 shu]	ショ [쇼 sho]
じ	じゃ [쟈 ja]	じゅ [쥬 ju]	じょ [죠 jo]	ジ	ジャ [쟈 ja]	ジュ [쥬 ju]	ジョ [죠 jo]
ち	ちゃ [챠 cha]	ちゅ [츄 chu]	ちょ [쵸 cho]	チ	チャ [챠 cha]	チュ [츄 chu]	チョ [쵸 cho]
に	にゃ [냐 nya]	にゅ [뉴 nyu]	にょ [뇨 nyo]	ニ	ニャ [냐 nya]	ニュ [뉴 nyu]	ニョ [뇨 nyo]
ひ	ひゃ [햐 hya]	ひゅ [휴 hyu]	ひょ [효 hyo]	ヒ	ヒャ [햐 hya]	ヒュ [휴 hyu]	ヒョ [효 hyo]
び	びゃ [뱌 bya]	びゅ [뷰 byu]	びょ [뵤 byo]	ビ	ビャ [뱌 bya]	ビュ [뷰 byu]	ビョ [뵤 byo]
ぴ	ぴゃ [퍄 pya]	ぴゅ [퓨 pyu]	ぴょ [표 pyo]	ピ	ピャ [퍄 pya]	ピュ [퓨 pyu]	ピョ [표 pyo]
み	みゃ [먀 mya]	みゅ [뮤 myu]	みょ [묘 myo]	ミ	ミャ [먀 mya]	ミュ [뮤 myu]	ミョ [묘 myo]
り	りゃ [랴 rya]	りゅ [류 ryu]	りょ [료 ryo]	リ	リャ [랴 rya]	リュ [류 ryu]	リョ [료 ryo]

● 문자와 단어를 따라 써 보세요.

きゃ [캬 kya]	きゃ	きゃく 손님 N4	きゃく	きゃく
きゅ [큐 kyu]	きゅ	きゅう 구(9) N5	きゅう	きゅう
きょ [쿄 kyo]	きょ	きょう 오늘 N5	きょう	きょう

히라가나 요음　ぎゃ·ぎゅ·ぎょ

● 문자와 단어를 따라 써 보세요.

ぎゃ [갸 gya]	ぎゃ	ぎゃく 반대 N3	ぎゃく	ぎゃく
ぎゅ [규 gyu]	ぎゅ	ぎゅうにく 소고기 N5	ぎゅうにく	ぎゅうにく
ぎょ [교 gyo]	ぎょ	きんぎょ 금붕어 N4	きんぎょ	きんぎょ

● 문자와 단어를 따라 써 보세요.

キャ [캬 kya]	キャ	カ ラ メ ル キャラメル 캐러멜	キャラメル	キャラメル
キュ [큐 kyu]	キュ	큐 또 キュート 큐트, 귀여움	キュート	キュート
キョ [쿄 kyo]	キョ	콩 기 キョンギ 경기(한국의 지방)	キョンギ	キョンギ

● 문자와 단어를 따라 써 보세요.

ギャ [갸 gya]	ギャ	가 루 ギャル 걸, 여자아이, 젊은 여성	ギャル	ギャル
ギュ [규 gyu]	ギュ	레 규 라 - レギュラー 레귤러　N1	レギュラー	レギュラー
ギョ [교 gyo]	ギョ	교 자 ギョウザ 교자, 만두	ギョウザ	ギョウザ

145

히라가나 요음 　じゃ・しゅ・しょ

● 문자와 단어를 따라 써 보세요.

しゃ [샤 sha]	しゃ	카 이 사 かいしゃ 회사　N5	かいしゃ	かいしゃ
しゅ [슈 shu]	しゅ	슈 미 しゅみ 취미　N4	しゅみ	しゅみ
しょ [쇼 sho]	しょ	쇼 꾸 지 しょくじ 식사　N4	しょくじ	しょくじ

히라가나 요음 　じゃ・じゅ・じょ

● 문자와 단어를 따라 써 보세요.

じゃ [쟈 ja]	じゃ	자 구 찌 じゃぐち 수도꼭지　N3	じゃぐち	じゃぐち
じゅ [쥬 ju]	じゅ	쥬 쇼 じゅうしょ 주소　N4	じゅうしょ	じゅうしょ
じょ [죠 jo]	じょ	죠 즈 じょうず 능숙함　N5	じょうず	じょうず

● 문자와 단어를 따라 써 보세요.

シャ [샤 sha]	シャ	^샤シャ^쯔ツ 셔츠　N5	シャツ	シャツ
シュ [슈 shu]	シュ	^슈シュ^즈ーズ 슈즈, 신발	シューズ	シューズ
ショ [쇼 sho]	ショ	^쇼ショ⁻ー 쇼　N1	ショー	ショー

● 문자와 단어를 따라 써 보세요.

ジャ [쟈 ja]	ジャ	^쟈ジャ^즈ズ 재즈　N1	ジャズ	ジャズ
ジュ [쥬 ju]	ジュ	^쥬ジュ^{-스}ース 주스　N4	ジュース	ジュース
ジョ [죠 jo]	ジョ	^죠ジョ^{깅 구}ギング 조깅　N2	ジョギング	ジョギング

● 문자와 단어를 따라 써 보세요.

ちゃ [챠 cha]	ちゃ	^오^모^쨔 おもちゃ 장난감 N4	おもちゃ	おもちゃ
ちゅ [츄 chu]	ちゅ	^츄^이 ちゅうい 주의 N4	ちゅうい	ちゅうい
ちょ [쵸 cho]	ちょ	^쵸^사 ちょうさ 조사 N3	ちょうさ	ちょうさ

● 문자와 단어를 따라 써 보세요.

にゃ [냐 nya]	にゃ	^콘^냐^꾸 こんにゃく 곤약	こんにゃく	こんにゃく
にゅ [뉴 nyu]	にゅ	^뉴^잉 にゅういん 입원 N4	にゅういん	にゅういん
にょ [뇨 nyo]	にょ	^뇨^보 にょうぼう 궁녀 N2	にょうぼう	にょうぼう

148

● 문자와 단어를 따라 써 보세요.

チャ [챠 cha]	チャ	チャ^ャンス 찬스 N3	チャンス	チャンス
チュ [츄 chu]	チュ	ユーチューブ 유튜브	ユーチューブ	ユーチューブ
チョ [쵸 cho]	チョ	チョコレート 초콜릿	チョコレート	チョコレート

● 문자와 단어를 따라 써 보세요.

ニャ [냐 nya]	ニャ	コニャック 코냑(프랑스의 술)	コニャック	コニャック
ニュ [뉴 nyu]	ニュ	ニュース 뉴스 N4	ニュース	ニュース
ニョ [뇨 nyo]	ニョ	ニョッキ 뇨키(이탈리아의 요리)	ニョッキ	ニョッキ

히라가나 요음 ひゃ・ひゅ・ひょ

MP3 03-09

● 문자와 단어를 따라 써 보세요.

ひゃ [햐 hya]	ひゃ	ひゃく (하 꾸) 백(100) N5	ひゃく	ひゃく
ひゅ [휴 hyu]	ひゅ	ひゅうひゅう (휴 - 휴 -) 바람이 부는 소리	ひゅうひゅう	ひゅうひゅう
ひょ [효 hyo]	ひょ	ひょうじょう (효 - 죠 -) 표정 N3	ひょうじょう	ひょうじょう

히라가나 요음 びゃ・びゅ・びょ

● 문자와 단어를 따라 써 보세요.

びゃ [뱌 bya]	びゃ	さんびゃく (삼 ㅁ 뱌 꾸) 삼백(300)	さんびゃく	さんびゃく
びゅ [뷰 byu]	びゅ	びゅうびゅう (뷰 - 뷰 -) 바람이 부는 소리	びゅうびゅう	びゅうびゅう
びょ [뵤 byo]	びょ	びょういん (뵤 - 잉 ㅇ) 병원 N5	びょういん	びょういん

● 문자와 단어를 따라 써 보세요.

ヒャ [햐 hya]	ヒャ	ヒャ	ヒャ	ヒャ
ヒュ [휴 hyu]	ヒュ	^{휴 - 망 ○} ヒューマン 휴먼, 인간	ヒューマン	ヒューマン
ヒョ [효 hyo]	ヒョ	^{효 -} ヒョウ 표범	ヒョウ	ヒョウ

가타카나 요음 ビャ・ビュ・ビョ

● 문자와 단어를 따라 써 보세요.

ビャ [뱌 bya]	ビャ	ビャ	ビャ	ビャ
ビュ [뷰 byu]	ビュ	^{뷰 -} ビュー 뷰, 경치	ビュー	ビュー
ビョ [뵤 byo]	ビョ	ビョ	ビョ	ビョ

● 문자와 단어를 따라 써 보세요.

ぴゃ [퍄 pya]	ぴゃ	롭ㅂ 뼈 꾸 ろっぴゃく 육백(600)	ろっぴゃく	ろっぴゃく
ぴゅ [퓨 pyu]	ぴゅ	퓨 ー 뿌 ぴゅうぴゅう 바람이 부는 소리	ぴゅうぴゅう	ぴゅうぴゅう
ぴょ [표 pyo]	ぴょ	합ㅂ 뾰 はっぴょう 발표　N3	はっぴょう	はっぴょう

● 문자와 단어를 따라 써 보세요.

みゃ [먀 mya]	みゃ	붐ㅁ 마 꾸 ぶんみゃく 문맥　N2	ぶんみゃく	ぶんみゃく
みゅ [뮤 myu]	みゅ	みゅ	みゅ	みゅ
みょ [묘 myo]	みょ	묘 ー 지 みょうじ 성씨　N2	みょうじ	みょうじ

ピャ・ピュ・ピョ

● 문자와 단어를 따라 써 보세요.

ピャ [퍄 pya]	ピャ	ピャ	ピャ	ピャ
ピュ [퓨 pyu]	ピュ	ピュア 퓨어, 순수함	ピュア	ピュア
ピョ [표 pyo]	ピョ	ピョンヤン 평양(북한의 수도)	ピョンヤン	ピョンヤン

가타카나 요음 ミャ・ミュ・ミョ

● 문자와 단어를 따라 써 보세요.

ミャ [먀 mya]	ミャ	ミャンマー 미얀마	ミャンマー	ミャンマー
ミュ [뮤 myu]	ミュ	ミュージカル 뮤지컬	ミュージカル	ミュージカル
ミョ [묘 myo]	ミョ	ミョ	ミョ	ミョ

● 문자와 단어를 따라 써 보세요.

りゃ [랴 rya]	りゃ	しょうりゃく 생략　N2	しょうりゃく	しょうりゃく
りゅ [류 ryu]	りゅ	りゅうがく 유학　N3	りゅうがく	りゅうがく
りょ [료 ryo]	りょ	りょこう 여행　N4	りょこう	りょこう

가타카나 요음 　リャ・リュ・リョ

● 문자와 단어를 따라 써 보세요.

リャ [랴 rya]	リャ	リャ	リャ	リャ
リュ [류 ryu]	リュ	リュック 배낭	リュック	リュック
リョ [료 ryo]	リョ	リョ	リョ	リョ

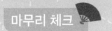

● 요음을 따라 써 보고 빈칸에 해당하는 글자를 채워 보세요.

	や	ゆ	よ
き	きゃ [캬 kya]	❶ [큐 kyu]	きょ [쿄 kyo]
ぎ	ぎゃ [갸 gya]	ぎゅ [규 gyu]	ぎょ [교 gyo]
し	しゃ [샤 sha]	しゅ [슈 shu]	しょ [쇼 sho]
じ	じゃ [쟈 ja]	じゅ [쥬 ju]	❷ [죠 jo]
ち	ちゃ [챠 cha]	ちゅ [츄 chu]	ちょ [쵸 cho]
に	❸ [냐 nya]	にゅ [뉴 nyu]	にょ [뇨 nyo]
ひ	ひゃ [햐 hya]	ひゅ [휴 hyu]	ひょ [효 hyo]
び	びゃ [뱌 bya]	びゅ [뷰 byu]	❹ [뵤 byo]
ぴ	ぴゃ [퍄 pya]	ぴゅ [퓨 pyu]	ぴょ [표 pyo]
み	❺ [먀 mya]	みゅ [뮤 myu]	みょ [묘 myo]
り	りゃ [랴 rya]	りゅ [류 ryu]	りょ [료 ryo]

	ヤ	ユ	ヨ
キ	キャ [캬 kya]	キュ [큐 kyu]	キョ [쿄 kyo]
ギ	ギャ [갸 gya]	ギュ [규 gyu]	ギョ [교 gyo]
シ	❻ [샤 sha]	シュ [슈 shu]	ショ [쇼 sho]
ジ	ジャ [쟈 ja]	ジュ [쥬 ju]	ジョ [죠 jo]
チ	チャ [챠 cha]	❼ [츄 chu]	チョ [쵸 cho]
ニ	ニャ [냐 nya]	ニュ [뉴 nyu]	ニョ [뇨 nyo]
ヒ	ヒャ [햐 hya]	ヒュ [휴 hyu]	❽ [효 hyo]
ビ	ビャ [뱌 bya]	ビュ [뷰 byu]	ビョ [뵤 byo]
ピ	❾ [퍄 pya]	ピュ [퓨 pyu]	ピョ [표 pyo]
ミ	ミャ [먀 mya]	ミュ [뮤 myu]	ミョ [묘 myo]
リ	リャ [랴 rya]	❿ [류 ryu]	リョ [료 ryo]

|정답| ❶きゅ ❷じょ ❸にゃ ❹びょ ❺みゃ ❻シャ ❼チュ ❽ヒョ ❾ピャ ❿リュ

가타카나
이중모음

가타카나의 이중모음은 외래어를 원래의 음과 최대한 가깝게 발음하기 위해 사용하는 글자
입니다. 가타카나 자음 옆에 ア・イ・ユ・ウ・エ・オ를 ァ・ィ・ュ・ゥ・ェ・ォ와
같이 작게 써서 표기합니다. 요음과 마찬가지로 두 글자를 합한 것이지만 한 글자로 취급하
여 한 박자로 발음합니다.

	ア	イ	ユ	ウ	エ	オ
ク		クィ [퀴 qi]			クェ [퀘 qe]	クォ [쿼 qo]
シ					シェ [셰 she]	
ジ					ジェ [제 je]	
チ					チェ [체 che]	
ツ	ツァ [차 tsa]				ツェ [체 tse]	
テ		ティ [티 ti]	テュ [튜 tyu]			
デ		ディ [디 di]	デュ [듀 dyu]			
ト				トゥ [투 tu]		
ド				ドゥ [두 du]		
フ	ファ [화 fa]	フィ [휘 fi]	フュ [휴 fyu]		フェ [훼 fe]	フォ [훠 fo]
ウ		ウィ [위 wi]			ウェ [웨 we]	ウォ [워 wo]
ヴ	ヴァ [봐 va]	ヴィ [뷔 vi]				ヴォ [붜 vo]

● 문자와 단어를 따라 써 보세요.

ク イ [퀴 qi]	ク イ	^퀴 -^ㅇ **ク ィ ー ン** 퀸	クィーン	クィーン
ク エ [퀘 qe]	ク エ	^{퀘 스 쯍 ㅇ} **ク ェ ス チ ョ ン** 퀘스천	クェスチョン	クェスチョン
ク オ [퀴 qo]	ク オ	^퀴 - ^따 - **ク ォ ー タ ー** 쿼터(¼)	クォーター	クォーター
シ エ [셰 she]	シ エ	^{세 후} **シ ェ フ** 셰프	シェフ	シェフ
ジ エ [제 je]	ジ エ	^{젣 ㄷ 또} **ジ ェ ッ ト** 제트, 분사	ジェット	ジェット

157

● 문자와 단어를 따라 써 보세요.

チェ [체 che]	チェ	チェリー 체리	チェリー	チェリー
ツァ [차 tsa]	ツァ	モーツァルト 모차르트	モーツァルト	モーツァルト
ツェ [체 tse]	ツェ	フィレンツェ 피렌체(이탈리아의 도시)	フィレンツェ	フィレンツェ
ティ [티 ti]	ティ	ティー 티, 차	ティー	ティー
テュ [튜 tyu]	テュ	テューバ 튜바(악기의 종류)	テューバ	テューバ

● 문자와 단어를 따라 써 보세요.

ディ [디 di]	ディ	^디ディ^나ナー 디너	ディナー	ディナー
デュ [듀 dyu]	デュ	^듀デュ^{엔 드 또}エット 듀엣	デュエット	デュエット
トゥ [투 tu]	トゥ	^타タ^뚜トゥー 타투, 문신	タトゥー	タトゥー
ドゥ [두 du]	ドゥ	^힌ヒン^드ドゥー 힌두	ヒンドゥー	ヒンドゥー
ファ [화 fa]	ファ	^소ソ^화ファー 소파 N3	ソファー	ソファー

● 문자와 단어를 따라 써 보세요.

フィ [휘 fi]	フィ	휘 루 무 フィルム 필름　N4	フィルム	フィルム
フュ [휴 fyu]	フュ	휴 ・ 짜 フューチャー 퓨처, 미래	フューチャー	フューチャー
フェ [훼 fe]	フェ	카 훼 カフェ 카페	カフェ	カフェ
フォ [휘 fo]	フォ	휘 ・ 꾸 フォーク 포크　N4	フォーク	フォーク
ウィ [위 wi]	ウィ	위 ・ ° ウィーン 빈(오스트리아의 수도)	ウィーン	ウィーン

가타카나 이중모음 5

● 문자와 단어를 따라 써 보세요.

ウェ [웨 we]	ウェ	스웨-뎅。 **スウェーデン** 스웨덴	スウェーデン	スウェーデン
ウォ [워 wo]	ウォ	웡。 **ウォン** 원(₩)	ウォン	ウォン
ヴァ [봐 va]	ヴァ	봠 ㅁ빠이아 **ヴァンパイア** 뱀파이어	ヴァンパイア	ヴァンパイア
ヴィ [뷔 vi]	ヴィ	뷔 - 나 스 **ヴィーナス** 비너스	ヴィーナス	ヴィーナス
ヴォ [붜 vo]	ヴォ	뷔 - 깅。구 **ヴォーギング** 보깅(댄스의 종류)	ヴォーギング	ヴォーギング

● 이중모음을 따라 써 보고 빈칸에 해당하는 글자를 채워 보세요.

	ア	イ	ユ	ウ	エ	オ
ク		❶ [퀴 qi]			クェ [퀘 qe]	クォ [쿼 qo]
シ					❷ [셰 she]	
ジ					ジェ [제 je]	
チ					❸ [체 che]	
ツ	❹ [차 tsa]				ツェ [체 tse]	
テ		❺ [티 ti]	テュ [튜 tyu]			
デ		ディ [디 di]	❻ [듀 dyu]			
ト				❼ [투 tu]		
ド				ドゥ [두 du]		
フ	ファ [화 fa]	フィ [휘 fi]	フュ [휴 fyu]		フェ [훼 fe]	❽ [훠 fo]
ウ		ウィ [위 wi]			❾ [웨 we]	ウォ [워 wo]
ヴ	❿ [봐 va]	ヴィ [뷔 vi]				ヴォ [붜 vo]

|정답| ❶クィ ❷シェ ❸チェ ❹ツァ ❺ティ ❻デュ ❼トゥ ❽フォ ❾ウェ ❿ヴァ

특수 발음

일본어에는 우리말의 받침과 같이 특수한 역할을 하는 발음이 있습니다. 촉음, 장음, 그리고 발음(撥音) 세 가지인데, 앞이나 뒤에 오는 글자에 따라 발음의 변화가 일어나기 때문에 주의해야 합니다. 그러나 어디까지나 발음을 쉽게 하기 위해 도와주는 것이므로 어렵거나 복잡한 것은 아닙니다.

그럼 특수 발음 세 가지를 함께 알아봅시다.

- 촉음
- 장음
- 발음

촉음

쓰는 법 つ를 っ처럼 작게 표기합니다. 가타카나도 마찬가지로 ツ을 ッ와 같이 씁니다.

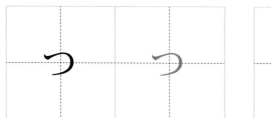
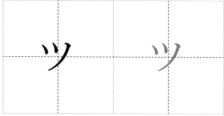

발음 우리말의 받침과 비슷한 역할을 하는데, 뒤에 오는 자음의 종류에 따라 네 가지로 발음됩니다. 그런데 받침처럼 한 글자로 취급하는 것은 아니고 한 박자로 충분히 발음해야 합니다.

① か행 앞에서 'ㄱ' 받침으로 발음

がっこう 학교 **N5**	がっこう	がっこう	
サッカー 축구	サッカー	サッカー	

② さ행 앞에서 'ㅅ' 받침으로 발음

ざっし 잡지 **N5**	ざっし	ざっし	
メッセージ 메시지 **N1**	メッセージ	メッセージ	

③ た행 앞에서 'ㄷ' 받침으로 발음

きって 우표 **N5**	きって	きって	
ピーナッツ 땅콩	ピーナッツ	ピーナッツ	

4 ぱ행 앞에서 'ㅂ'받침으로 발음

しっぽ 꼬리 N2	しっぽ	しっぽ	
カップ 컵 N5	カップ	カップ	

🌸 く 다음에 か행이 올 경우 く는 마치 촉음의 'ㄱ' 받침과 같이 아주 약하게 발음됩니다.

せんたくき [센ㄴ탁ㅋ끼] 세탁기

🌸 く 다음에 さ행이 올 경우에도 く는 약하게 발음됩니다.

たくさん [탁ㅋ상이] 많이

がくせい [각ㅋ세ー] 학생

タクシー [탁ㅋ시ー] 택시

쓰는 법 장음은 주로 あ·い·う·え·お단 뒤에 あ행으로 표기합니다. 가타카나는 ー와 같이 씁니다.

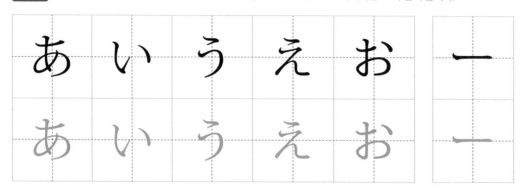

발음 일본어에서는 장음인지 단음인지에 따라 단어의 뜻이 달라지기 때문에 주의해야 합니다. 장음은 음절을 끊어서 따로따로 발음하는 것이 아니라 앞 글자의 음을 한 음처럼 길게 소리 냅니다. 마찬가지로 한 박자로 충분히 발음해야 합니다.

① あ단 뒤에 あ

おかあさん 어머니 N5	おかあさん	おかあさん
スカート 스커트, 치마 N5	スカート	スカート

② い단 뒤에 い

おにいさん 오빠, 형 N5	おにいさん	おにいさん
スキー 스키 N2	スキー	スキー

③ う단 뒤에 う

くうき 공기 N4	くうき	くうき
ルーム 룸	ルーム	ルーム

④ え단뒤에 い나え

えいご 영어 N5	えいご	えいご	
おねえさん 언니,누나 N5	おねえさん	おねえさん	
デート 데이트 N2	デート	デート	

⑤ お단뒤에 う나お

おとうさん 아버지 N5	おとうさん	おとうさん	
おおさか 오사카	おおさか	おおさか	
コーラ 콜라	コーラ	コーラ	

⑥ 요음뒤에 う

| とうきょう 도쿄 | とうきょう | とうきょう | |
| メニュー 메뉴 N3 | メニュー | メニュー | |

쓰는 법 히라가나 ん과 가타카나 ン을 발음(撥音)이라고 합니다.

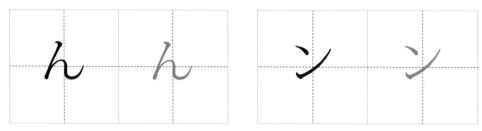

발음 우리말의 받침과 비슷한 역할을 하는데, 뒤에 오는 자음의 종류에 따라 네 가지로 발음됩니다. 기본적으로는 코로 '응' 소리를 낸다고 생각하고 충분히 비음을 내 주면 됩니다. 또한 한 박자로 충분히 발음해야 합니다.

① **ま·ば·ぱ행 앞에서 'ㅁ'받침으로 발음**

<ruby>킴<rt>킴</rt></ruby> ロ <ruby>무<rt>무</rt></ruby> きんむ 근무 N3	きんむ	きんむ	
젬 ㅁ 부 ぜんぶ 전부 N4	ぜんぶ	ぜんぶ	
심 ㅁ 빠 이 しんぱい 걱정 N4	しんぱい	しんぱい	
캄 ㅁ 뿌 キャンプ 캠프 N3	キャンプ	キャンプ	

② **さ·ざ·た·だ·な·ら행 앞에서 'ㄴ'받침으로 발음**

킨 ㄴ 시 きんし 금지 N3	きんし	きんし	
안 ㄴ 즈 あんず 살구	あんず	あんず	
유 ㄴ 엔 ㄴ 찌 ゆうえんち 놀이공원 N2	ゆうえんち	ゆうえんち	
몬 ㄴ 다 이 もんだい 문제 N5	もんだい	もんだい	

민 ㄴ 나 **みんな** 모두　N5	みんな	みんな	
센 ㄴ 로 **せんろ** 선로　N3	せんろ	せんろ	
카 운 ㄴ 따 - **カウンター** 카운터	カウンター	カウンター	

❸ か・が행 앞에서 'ㅇ'받침으로 발음

텡 ㅇ 끼 **てんき** 날씨　N5	てんき	てんき	
웅 ㅇ 가 꾸 **おんがく** 음악　N5	おんがく	おんがく	
모 - 닝 ㅇ 구 **モーニング** 모닝, 아침	モーニング	モーニング	

❹ あ・は・や・わ행 앞 또는 말 끝에서 '콧소리'로 발음

렝 ㅇ 아 이 **れんあい** 연애　N1	れんあい	れんあい	
용 ㅇ 햐 꾸 **よんひゃく** 사백(400)	よんひゃく	よんひゃく	
홍 ㅇ 야 **ほんや** 서점　N4	ほんや	ほんや	
뎅 ㅇ 와 **でんわ** 전화　N5	でんわ	でんわ	
니 홍 ㅇ **にほん** 일본	にほん	にほん	
보 탕 ㅇ **ボタン** 버튼, 단추　N5	ボタン	ボタン	

PART
4

일본어
읽고 쓰기

- 숫자 읽기
- 알파벳 읽기
- 인사말
- 문장 부호

일본어 문자와 발음은 모두 익혔습니다. 이제는 단어와 문장을 살펴볼 차례입니다. 일본어로 숫자는 어떻게 읽는지, 알파벳은 어떻게 발음하는지, 또 인사는 어떻게 나누는지 알 수 있습니다. 마지막으로 문장부호까지 알아보겠습니다. 이와 같은 간단한 일본어 기초를 미리 익혀두면 본격적인 일본어 학습에 큰 밑거름이 될 것입니다.

숫자 읽기

일본어로 숫자는 一, 二, 三…처럼 한자를 토대로 세기 때문에 우리말과 발음이 비슷해 외우기 편합니다. 하지만 숫자 중에서 4, 7, 9 같은 경우는 읽는 방법이 2개씩 있으므로 주의해야 합니다.

그럼 일본어로 숫자를 읽는 방법에 대해 알아봅시다.

- 0~9
- 10~19
- 십 단위
- 백 단위
- 천 단위 · 10,000

● 숫자 0부터 9까지 천천히 읽고 따라 써 보세요.

0	레ㅡ 제로 れい / ゼロ	れい / ゼロ	
1	이 찌 いち	いち	
2	니 に	に	
3	상 さん	さん	
4	용 시 よん / し	よん / し	
5	고 ご	ご	
6	로 꾸 ろく	ろく	
7	나 나 시 찌 なな / しち	なな / しち	
8	하 찌 はち	はち	
9	큐ㅡ 쿠 きゅう / く	きゅう / く	

● 숫자 10부터 19까지 천천히 읽고 따라 써 보세요.

10	쥬ー じゅう	じゅう	
11	쥬ー이찌 じゅういち	じゅういち	
12	쥬ー니 じゅうに	じゅうに	
13	쥬ー상ㅇ じゅうさん	じゅうさん	
14	쥬ー용ㅇ じゅうよん 쥬ー시 /じゅうし	じゅうよん /じゅうし	
15	쥬ー고 じゅうご	じゅうご	
16	쥬ー로꾸 じゅうろく	じゅうろく	
17	쥬ー나나 じゅうなな 쥬ー시찌 /じゅうしち	じゅうなな /じゅうしち	
18	쥬ー하찌 じゅうはち	じゅうはち	
19	쥬ー뀨ー じゅうきゅう 쥬ー꾸 /じゅうく	じゅうきゅう /じゅうく	

● 숫자 십 단위를 천천히 읽고 따라 써 보세요.

10	じゅう	じゅう	
20	にじゅう	にじゅう	
30	さんじゅう	さんじゅう	
40	よんじゅう	よんじゅう	
50	ごじゅう	ごじゅう	
60	ろくじゅう	ろくじゅう	
70	ななじゅう	ななじゅう	
80	はちじゅう	はちじゅう	
90	きゅうじゅう	きゅうじゅう	

● 숫자 백 단위를 천천히 읽고 따라 써 보세요.

100	ひゃく	ひゃく	
200	にひゃく	にひゃく	
300	さんびゃく	さんびゃく	
400	よんひゃく	よんひゃく	
500	ごひゃく	ごひゃく	
600	ろっぴゃく	ろっぴゃく	
700	ななひゃく	ななひゃく	
800	はっぴゃく	はっぴゃく	
900	きゅうひゃく	きゅうひゃく	

● 숫자 천 단위와 10,000을 천천히 읽고 따라 써 보세요.

1,000	せん	せん	
2,000	にせん	にせん	
3,000	さんぜん	さんぜん	
4,000	よんせん	よんせん	
5,000	ごせん	ごせん	
6,000	ろくせん	ろくせん	
7,000	ななせん	ななせん	
8,000	はっせん	はっせん	
9,000	きゅうせん	きゅうせん	
10,000	いちまん	いちまん	

● 숫자를 일본어로 읽고 히라가나로 써 보세요.

❶ 8　　➡

❷ 12　　➡

❸ 43　　➡

❹ 390　　➡

❺ 675　　➡

❻ 1,800　　➡

❼ 3,901　　➡

❽ 6,520　　➡

❾ 14,000　　➡

❿ 18,700　　➡

|정답| ❶はち ❷じゅうに ❸よんじゅうさん ❹さんびゃくきゅうじゅう ❺ろっぴゃくななじゅうご ❻せんはっぴゃく ❼さんぜんきゅうひゃくいち ❽ろくせんごひゃくにじゅう ❾いちまんよんせん ❿いちまんはっせんななひゃく

알파벳 읽기

알파벳을 일본어로 읽는 법이 특별한 것은 아닙니다. 그러나 우리가 A, B, C를 대개 '에이, 비, 씨'라고 말하듯이 일본어로도 알파벳의 발음을 익혀 두면 CD(씨디)라든가 ATM(에이티엠)과 같이 일본에서 영어 약자를 읽을 때 도움이 될 것입니다.

특히 '장음'에 주의하며 일본어로 알파벳을 읽는 방법에 대해 알아봅시다.

- A ~ G
- H ~ N
- O ~ U
- V ~ Z

MP3 04-02

● 알파벳 A부터 G까지 천천히 읽고 따라 써 보세요.

A	_에 - エー	エー	
B	_비 - ビー	ビー	
C	_시 - シー	シー	
D	_디 - ディー	ディー	
E	_이 - イー	イー	
F	_에 _후 エフ	エフ	
G	_지 - ジー	ジー	

180

● 알파벳 H부터 N까지 천천히 읽고 따라 써 보세요.

H	_{엔 드 찌} エッチ	エッチ	
I	_{아 이} アイ	アイ	
J	_{제 -} ジェー	ジェー	
K	_{케 -} ケー	ケー	
L	_{에 루} エル	エル	
M	_{에 무} エム	エム	
N	_{에 누} エヌ	エヌ	

● 알파벳 O부터 U까지 천천히 읽고 따라 써 보세요.

O	^오 オー	オー	
P	^피 ピー	ピー	
Q	^큐 キュー	キュー	
R	^{아 루} アール	アール	
S	^{에 스} エス	エス	
T	^티 ティー	ティー	
U	^유 ユー	ユー	

● 알파벳 V부터 Z까지 천천히 읽고 따라 써 보세요.

V	ブイ (부이)	ブイ	
W	ダブリュー (다부류-)	ダブリュー	
X	エックス (엑ㄱㅋ스)	エックス	
Y	ワイ (와이)	ワイ	
Z	ゼット (젠ㄷ또)	ゼット	

BONUS V는 앞의 가타카나 이중모음에서 배운 것과 같이 '*ヴィ*'라고 생각할 수 있지만 편의상 '*ブイ*'라고 발음합니다.

● 알파벳 발음을 읽고 가타카나로 써 보세요.

1 T ➡

2 CM ➡

3 HR ➡

4 OL ➡

5 PV ➡

6 DNA ➡

7 FAQ ➡

8 GPS ➡

9 MBA ➡

10 NPC ➡

|정답| ①ティー　②シーエム　③エッチアール　④オーエル　⑤ピーブイ　⑥ディーエヌエー　⑦エフエーキュー　⑧ジーピーエス　⑨エムビーエー　⑩エヌピーシー

인사말

상냥함과 친절함을 중요시 하는 일본인들의 문화로 인해 우리말처럼 일본어에도 다양한 인사말이 있습니다.

여행을 갈 때, 일본인 친구들을 사귈 때, 일본에서 유학이나 취업을 할 때 등등 일상생활에서 자주 쓰는 기본적인 인사말을 익혀 봅시다.

- 기본 인사
- 처음 만날 때
- 오랜만에 만날 때
- 헤어질 때
- 대답할 때
- 축하할 때, 고마울 때
- 미안할 때
- 식사할 때
- 외출할 때, 귀가할 때
- 전화할 때, 취침할 때

인사말

1 기본 인사

おはよう ございます。 안녕하세요. (아침)	おはよう ございます。
こんにちは。 안녕하세요. (낮)	こんにちは。
こんばんは。 안녕하세요. (저녁)	こんばんは。

BONUS 일본어에서는 시간대별로 사용하는 인사말이 다르답니다. 낮 인사, 밤 인사에서 'は'는 '하'가 아니라 '와'라고 발음합니다.

2 처음 만날 때

| はじめまして。
처음 뵙겠습니다. | はじめまして。 |
| よろしく おねがいします。
잘 부탁합니다. | よろしく おねがいします |

3 오랜만에 만날 때

| おひさしぶりです。
오랜만입니다. | おひさしぶりです。 |
| おげんきですか。
잘 지냈어요? | おげんきですか。 |

4 헤어질 때

| おつかれさまでした。
수고하셨습니다. | おつかれさまでした。 |
| では また。
그럼 또 만나요. | では また。 |

BONUS 우리말의 '안녕히 계세요.'와 같은 작별 인사라고 보면 됩니다. 'では'는 '데하'가 아니라 '데와'라고 발음합니다.

5 대답할 때

하 이 **はい。** 네.	はい。
이 - 에 **いいえ。** 아니요.	いいえ。

BONUS 긍정의 대답은 'はい。' 대신 'ええ。'를 쓸 수도 있습니다.

6 축하할 때, 고마울 때

오 메 데 또 -　　　고 자 이 마 스 **おめでとう　ございます。** 축하합니다.	おめでとう　ございます。
아 리 가 또 -　　　고 자 이 마 스 **ありがとう　ございます。** 고맙습니다.	ありがとう　ございます。
도 - 이 따 시 마 시 떼 **どういたしまして。** 천만에요.	どういたしまして。

BONUS 'どうも　ありがとう　ございます。'라고 하면 '정말 고맙습니다.'라고 고마움을 강조할 수 있고, 'どうも。'라고만 해도 가벼운 감사 인사로 쓸 수 있습니다.

7 미안할 때

스 미 마 셍 ˚ **すみません。** 죄송합니다.	すみません。
고 멘 ㄴ 나 사 이 **ごめんなさい。** 미안합니다.	ごめんなさい。
시 쯔 레 - 시 마 스 **しつれいします。** 실례합니다.	しつれいします。
다 이 죠 - 부 데 스 **だいじょうぶです。** 괜찮습니다.	だいじょうぶです。

BONUS 'すみません。'은 행인이나 점원 등 누군가를 부를 때 '저기요.', '여기요.'와 같이 쓸 수도 있습니다.

⑧ 식사할 때

<ruby>いただきます<rt>이 따 다 끼 마 스</rt></ruby>。 잘 먹겠습니다.	いただきます。
<ruby>どうぞ<rt>도 - 조</rt></ruby>。 어서 드세요.	どうぞ。
<ruby>ごちそうさまでした<rt>고 찌 소 - 사 마 데 시 따</rt></ruby>。 잘 먹었습니다.	ごちそうさまでした。

BONUS 'どうぞ。'는 상대방에게 무언가를 권유하거나 승낙을 요청할 때 쓰는 표현으로, '어서 들어오세요.', '앉으세요.', '그렇게 하세요.' 등과 같은 의미입니다.

⑨ 외출할 때, 귀가할 때

<ruby>いってきます<rt>읻 드 떼 끼 마 스</rt></ruby>。 다녀오겠습니다.	いってきます。
<ruby>いってらっしゃい<rt>읻 드 떼 랏 ㅅ 샤 이</rt></ruby>。 안녕히 다녀오세요.	いってらっしゃい。
<ruby>ただいま<rt>타 다 이 마</rt></ruby>。 다녀왔습니다.	ただいま。
<ruby>おかえりなさい<rt>오 까 에 리 나 사 이</rt></ruby>。 안녕히 다녀오셨어요.	おかえりなさい。

⑩ 전화할 때, 취침할 때

<ruby>もしもし<rt>모 시 모 시</rt></ruby>。 여보세요.	もしもし。
<ruby>おやすみなさい<rt>오 야 스 미 나 사 이</rt></ruby>。 안녕히 주무세요.	おやすみなさい。

● 인사말을 일본어로 읽고 히라가나로 써 보세요.

1 안녕하세요. (아침) ➡

2 처음 뵙겠습니다. ➡

3 잘 부탁합니다. ➡

4 잘 지냈어요? ➡

5 수고하셨습니다. ➡

6 축하합니다. ➡

7 죄송합니다. ➡

8 잘 먹겠습니다. ➡

9 다녀왔습니다. ➡

10 안녕히 주무세요. ➡

|정답| **1**おはよう ございます。 **2**はじめまして。 **3**よろしく おねがいします。 **4**おげんきですか。 **5**おつかれさまでした。 **6**おめでとう ございます。 **7**すみません。 **8**いただきます。 **9**ただいま。 **10**おやすみなさい。

문장 부호

인사말을 써 보면서 우리말과의 약간의 차이를 발견했을 겁니다. 마침표를 찍을 때 '.' 대신 '。'과 같이 작은 동그라미를 그렸지요. 이와 같이 일본어에서는 조금 다른 생김새의 문장 부호를 사용합니다.

문장 부호는 글의 뜻을 효과적으로 표현하고, 문장을 읽는 데 도움을 주는 기능을 합니다. 우리 책에서는 편의상 띄어쓰기를 했지만, 원래 일본어에서는 띄어쓰기가 없기 때문에 가독성 있는 문장을 위해서는 문장 부호가 꼭 필요합니다.

주로 쓰이는 여러 가지 문장 부호를 알아봅시다.

- 마침표
- 쉼표
- 따옴표

문장 부호

① 마침표

한 문장이 끝날 때 마침표 ' . ' 대신 ' 。'을 사용합니다. 하단에 작게 시계 방향으로 동그라미를 그리면 됩니다. 일본어에서는 기본적으로 의문문에도 물음표 '?' 대신 '。'을 사용합니다.

하지메마시떼　오나마에와　난데스까 **はじめまして。おなまえは　なんですか。** 처음 뵙겠습니다. 이름이 무엇입니까?
はじめまして。おなまえは　なんですか。

② 쉼표

문장 속에서 단어 등을 열거하거나 말이 끊어지고 계속 되는 것을 구분해 줄 때 쉼표 ' , ' 대신 ' 、'을 사용합니다. 하단에 톡 하고 찍어 주면 됩니다.

링ㅇ고　미깡ㅇ　바나나　나도가　아리마스 **りんご、みかん、バナナ　などが　あります。** 사과, 귤, 바나나 등이 있습니다.
りんご、みかん、バナナ　などが　あります。
덴ㄴ샤와　벤ㄴ리데　하야이데스 **でんしゃは　べんりで、はやいです。** 전철은 편리하고, 빠릅니다.
でんしゃは　べんりで、はやいです。

③ 따옴표

인물 간의 대화를 표시하거나 인용, 어떠한 어구 등을 강조하여 표기할 때 큰따옴표 " "나 작은따옴표 ' ' 대신 홑낫표 「　」를 사용합니다. 인용한 말 안에 또 인용한 말을 쓸 때는 겹낫표 『　』를 사용합니다.

키무찌　와　캉ㅇ꼬꾸노　덴ㄴ또ー로ー리데스 **「キムチ」は　かんこくの　でんとうりょうりです。** '김치'는 한국의 전통요리입니다.
「キムチ」は　かんこくの　でんとうりょうりです。
스즈끼상ㅇ가　하이　또　이ー마시따 **「すずきさんが『はい』と　いいました。」** "스즈키 씨가 '네'라고 말했습니다."
「すずきさんが『はい』と　いいました。」